JN040944

HOW TO BE HUMAN
An Autistic Man's Guide To Life
Jory Fleming with Lyric Winik

「普通」ってなんなのかな

自閉症の僕が案内するこの世界の歩き方

ジョリー・フレミング
リリック・ウィニック
上杉隼人［訳］

文藝春秋

目次

装丁　大久保明子

母へ

あなたが僕にどれだけのものを与えてくれたか、
誰もがこの本を読めばわかるはず

「普通」ってなんなのかな

自閉症の僕が案内するこの世界の歩き方

1 診断「自閉症」

本書が出版されたのは奇跡だ。五歳で自閉症と診断され、言葉は遅く、普通の小学校に受け入れてもらえなかったジョリー・フレミングが、高校に進学して卒業し、大学を四年で卒業できるとは、とても思えなかった。そんなジョリーがイギリスの名門オックスフォード大学のローズ奨学金[*1]を得て修士号を得ることになるとは、ジョリー本人も含めて、誰にも考えられないことだった。

だが、ジョリーは二〇一九年九月、オックスフォード大学の修士課程（地理環境学）を修了した。

本書はハッピー・エンディングでページが閉じられるものでもなければ、やる気が促される物語でもないし、どうすれば自閉症を克服できるかを具体的にアドバイスするものでもない。ジョリーがまず言いたいのは、自分は自閉症の子供たちを代弁するような役割は担いたくないし、自閉症を一言で理解してもらえるものを示すこともできないということだ。

「自閉症でない人が、自閉症について理解できるとは思えません。不可能です。同じように、僕も自閉症でない人たちのことがわからない。自閉症でない人が自閉症でないことを一生懸命説明して、自閉症の人が自閉症のことを一生懸命に説明しても、おたがい『わからないよ』と首をかしげたり肩をすくめたりするだけじゃないかな」

そうではなく、ジョリーの物語は、定型発達者[*2]の頭脳を持たない人が定型発達者の頭脳のために構築された世界に住むのは一体どんな感じか、わたしたちに窓を開いて見せてくれる。自分はコーヒーや紅茶をマグカップに注ぐほかのすべての人たちと根本的に違うと理解した上で、毎日の生活を始めるのはどんな感じか、教えてくれるのだ。これは本質的に異なる才能に溢れた人物の精神の回想録だ。

本書でジョリーが定型発達者の世界における考え方と事の運び方を示してくれることで、わたしたちの精神はみんなこのように働くという常識を考え直さなければならないかもしれない。

最初にジョリーと話した時、頭が痛くなった。肉体的な痛みというか、いくつも重い箱を動かしたり、春になって初めて、庭仕事をして張り切りすぎてしまったりしたあとに襲われる筋肉の痛みに似ている。その時は二度、話を中断しなければならなかった。集中力がとてもつづかなかった。ジョリーの思考の流れについていくのは、すでに何年も前に閉じられたか、あるいは最初から存在しなかったかもしれないわたしの脳の回路に、つるはしを打ち込むようなものだった。だが、その過程で見たイメージ、覚えた疲労感こそ、ジョリーが外の世界のさまざまなことと交流する様子（これはわたしの言葉だ）を説明する時に感じるイメージや疲労感に、限りなく近いものなのかもしれない。

ジョリーはとても力強く話す。日々の生活で求められる精神エネルギーについて。人間の世界では感覚がひとつにまとまることはなく、混乱を極めているが、そんな状況に対処するには、常にバランスが取れた行動をしなければならないことについて。だが、そんな状況でも心が折れて閉じてしまうようなことはなく、すべて受け入れようと心を開いている、と力強く語る。

わたしは徐々にジョリーの話についていけるようになったし、ジョリーも同じように感じてくれたと思いたい。万華鏡を思わせる彼の思考に、わたしはそれほど苦労せずについていけるようになったのだ。わたしたちの対話は直線的ではなく、あちこちに行ったり来たりした。特に終着点を決めずに話したことで、外に向けて大きく広がり、脇道にも逸《そ》れた。ジョリーが世間話を嫌うことには、大いに助けられた。ジョリーに意味があると思える言葉と思えない言葉をあげてもらうような作業に、辛抱強く付き合ってもらえたのだ。ジョリーは退屈だと思っただろうが、わたしはそこから有意義なものが引き出せた。

対話が進むにつれ、定型発達者である自分の脳内回路を見直すことになった。

感情をほとんど伴わない問題に取り組むほうがずっと楽ということはあるだろうか？

コミュニケーションにおいて、言葉はどれだけ不完全か？

言葉をどれだけ重視すべきか？

人がたくさんいる部屋で何人かの人たちと話をしていて、どのくらい情報を聞き漏らすことがあるだろうか？

さらに大きな問題も話しあった。

文化とは？

障がいとは？

価値のある人物とは？

不完全さ、病気、周りとの甚だしい違いは、われわれの遺伝暗号*3と社会から完全に削除されるべきか？　あるいはそうすべきでないか？

鳥には何か深い意味があるか？

信仰とは？

そしてジョリーが覚えるというある感覚に、わたしは凍りついた。

「だって、人間が作り出す空間に、僕が安全だと思える場所が永遠に見出せないから」

そもそも、どうすればこれを一冊の本にまとめられるか？

答えはひとつ、ジョリーに自分のことを話してもらうのだ。

そのために、ジョリーと何度も対話を重ねて、数百枚におよぶ書き起こし原稿をまとめることになった。対話はスカイプで行うことが多かったが、鳥がさえずる趣あるイギリス庭園が広がるオックスフォードの大学都市を歩きながら、あるいはベンチに腰かけて話し合うこともあった。

気づけば同じ話題を何週間も、あるいは何か月も断続的に話していることもよくあったから、関連するものはひとつにまとめることにした。「好き」「本当に」「ちょうど」といった言葉は何度も出てくるので、言いよどみとともに、いくつかは残して、削除、整理した。多くの「こと」や「何か」といった言い方や、繰り返しなども、わかりにくい場合は削ることにした。話しているとジョリーの言葉がとめどなく出てくるので、それはどういうことかと質問したり、ちょっと話題を変えたりした。状況を想定したり、話をまとめたり、同じ話題にもう一度戻ることで、話の流れをはっきりさせたりもした。それぞれの対話の冒頭で、脳科学と人間の脳に関する科学的解明の進展も簡単に紹介した。そのあと、ジョリーが自分の精神がどんなふうに機能しているか自分の言葉で説明するので、ぜひ読み比べてみてほしい。

ジョリーが子供の頃のことや、大学入学前の生活といったことを、本書でくわしく話すことはない。おもちゃの揺り木馬を怖がっていたとか、深く積もった雪に埋もれてしまったとか、いくつかのイメージが頭をよぎるだけで、ほとんど覚えていないからだ。小さい頃、ふたりの兄アリックとタイラーや、妹ローレンと遊んだこともよく覚えていない。子供の頃の友達はジェームズくらいで、あと覚えているのはサウスカロライナで通りの向かいに住んでいた「祖母代わり」のナンシーさんくらいだ。それ以外にジョリーが出会った人たちの多くは、記憶から消えてしまっているのだ。

ジョリーとともにジョリーの個人的な物語を作り上げたのは、母ケリー・フレミングだ。ジョリーの子供の頃のこと、そして同伴することになった長い自閉症の旅路について語ることができるのは、ケリーを措《お》いてほかにいない（今もケリーはジョリーの人生の一部だ。ジョリーとともにイギリスのオックスフォードに移住し、医療の世話はもちろん、今後も彼に必要なサポートはつづけるつもりだ）。

ケリーとジョリーの物語は、ジョリーが生後六週間で腎臓が細菌に感染して髄膜炎を起こし、死にかけてしまったことから始まる。ケリーは当時、ケンタッキー州レキシントンの医科大学の四年生でもあった。授業に戻って二日目だったが、ベビーシッターから電話をもらった。ジョリーが苦しそうに呼吸をしていて、具合が悪そうだという。かかりつけの医師のいる病院に行くと地元の総合病院に行くように言われ、そこで腎臓が細菌に感染していると診断された。ジョリーの頭は腫れ出していて、医師団は脊椎《せきつい》に注射針を刺して髄液を取ることにした。ケリーは気が気でならず、腰をおろすこともできなかった。色のついていない液体が取れるはずが、膿《うみ》が採取された。救急車でケンタッキー大学の教育研究病院に搬送され、小児科で集中治療を受けることになった。ジョリーの血中で激しい大腸菌感染が起こっていたのだ。新生児をはじめ幼児には危険な状況だ。ジョリーは一命を取りとめたものの、体の左側が弱っていたので、小児発達支援センター（ケンタッキー大学ブルーグラス小児発達支援センター）で理学療法を施されることになった。その後、生後五か月で腎臓の機能の回復手術を受けた。

生後一年以内に、理学療法士[*4]、作業療法士[*5]、さらにはスピーチセラピスト（言語聴覚士[*6]）の診察を受けることになった。彼ら療法士、セラピストたちによると、ジョリーの言葉はかなり遅れているとのことだった。一歳児のジョリーの言語能力は、言語能力習得前の生後十週間の平均的乳児の能力とほとんど変わらない。さらにさまざまな感覚が過敏になってしまっていて、外部の世界に対する抵抗力が著しく欠如していることもわかった。ジョリーは「感覚統合障害[*7]」を起こしているとのことだ。

ジョリーは踵《かかと》に歩行補助の装具を着けられることになった。装具は両脚に今も装着しているし、十二歳くらいまでは長く歩かなければならない時には歩行器を使った。小児脳神経科医にも診てもらい、軽い脳性麻痺もあると診断された。

小児脳神経科医はもうひとつ、ケリーに言いにくそうに伝えた。小児発達支援センターからの報告書に目を通して、こう言ったのだ。

「言葉がまだ出てこないことが、すごく心配です」

「その時はまったく考えていませんでした」とケリーは言う。「あの子は生後十八か月でした。まったく心配していませんでした。すべて体の問題だろうと。自閉症かもしれないとは……思ってもいませんでした」

フレミング家は家族でインディアナ州に移った。保育園では、ジョリーはほかの子供たちと遊ばなかった。揺り椅子に座っていることがほとんどだった。ほかの子供たちとのお遊戯の時に別の子供におもちゃを取られても、まるで反応しなかった。ジョリーの上の男の子ふたりはずっとやんちゃな子たちだったから、ケリーは「まあ、ジョリーはすごくいい子ね」と思ったという。

ジョリーの妹ローレンがお腹にいた時、ケリーは救急病院に運び込まれることがあったが、そのあいだジョリーは六時間ほど近所に住むベビーシッターのところに預けられた。「二歳児でこんなに手がかからない子はこれまで見たことがないわ」

ケリーが戻ると、ベビーシッターの女性にそう言われたという。「ほんとに手がかからなかった。ただ床に座って消防車の車輪を回しているだけだったから」

同じ頃、ジョリーの知覚問題も心配の種になってきた。ぐにょっとしたものや、前後に動いたりするものは、何であれ受け付けなかったのだ。プレイ・ドー[*8]の粘土では決して遊ばなかったし、タイヤのついたおもちゃには決して乗らなかった。それで遊ぶように促されると、大声を上げた。確か三歳の時、ジョリーが受けた診察の結果が思わしくなかったようで、ケリーはある作業療法士に言われたという。自閉症を専門とする心理学者にジョリーを診てもらったらどうかと。

「本当に頭に来ました。『この子は脳性麻痺があるだけで、自閉症の心配はない』と思ってましたから」

ジョリーは人と会話はできなかったが、言葉は口にするようになった。だが、ジョリー以外には意味がわからないものばかりだった。同じ言葉を繰り返したり、あるいはおそらくテレビのコマーシャルで耳にしたことを口にしたりはするのだが、ほかの人にわかってもらえる言い方にすることができなかったのだ。

「確か小さなカセットテープ・プレイヤーを持っていたと思うのですが、ジョリーに『何か音楽聴く?』とたずねることがありました。大体、何も答えませんでしたけど、ある晩、『今夜は冷えるね』と言ったのです。そこで『そうね、寒いわね。で、音楽聴く?』とたずねると、『今夜は冷えるね』と繰り返すのです。ようやくわかりました。ジョリーはわたしが『今夜は冷えるね』と言って音楽をかけたのを覚えていたのですね。それが頭にあったから、音楽をかけてほしければ、『今夜は冷えるね』と言えばいい、と思ったんです。『はい』も『いいえ』も言いませんでした。『今夜は冷えるね』が、ジョリーの『はい』なのです。それからはジョリーが『今夜は冷えるね』と言わなければ、今は音楽を聴きたくないんだと判断して、音楽をかけませんでした。ジョリーの脳は言葉をつなぎあわせようとしたのですが、誰も試みないような形でつなぎあわせていたのです」

ジョリーはいつまでも叫び声を上げつづけていることもあった。おもちゃを並べたり、カードゲームのカードを床に並べたり、「きかんしゃトーマス」を盤の上に並べたりしているところで、誰かが手を出して並べ替えたりすると、五時間でも六時間でも大声を上げていた。ダイニングの椅子もちゃんとテーブルに押し込まれていないと嫌だった。大声を上げ始めてしまうと、まったく手がつけられなかった。ケリーは町に雪が降り積もった晩のことを覚えている。

「雪がすごくて車でどこかに行くこともできませんでした。ジョリーを二階に上げて静かにさせるしかありませんでした。ほんとにジョリーの声が家の中のあらゆる場所に響き渡っていました。(兄のアリックもタイラーも)ジョリーはどこかおかしいとわかっていました。ふたりにはかわいそうなことをしました。いろんなことを我慢してもらうしかありませんでしたから」

何か月も検査が繰り返され、サウスカロライナ州に移った後、診断結果が送られてきた。ジョリーは「自閉症」。

自閉症の人に顕著な極度の偏食に加えて、ジョリーは脳性麻痺をもつ小児によく見られる消化器系の問題も抱えていた。食べたものが逆流しないようにする胃の手術を受けたあと、一時的に胃にチューブを挿《さ》し込まれて栄養剤が投与されることになった。だが、そのチューブがジョリーの腸に穴を開けてしまったのだ。ふたたび命にかかわる感染症におかされ、回復に相当時間がかかった。ジョリーは今も栄養補給管で栄養素を摂取している。毎日、軽めのバックパックを背負って、その中にある細いプラスチックの管から栄養素を常時補給しているのだ。ジョリーはミトコンドリア病[*9]も発症していることがわかった。ミトコンドリアは人のほぼすべての細胞に見られるもので、これが酸素と栄養素を「活力」

源に変えることで人は活動できる。

ジョリーの病状が回復、安定すると、ケリーは発育や学習に的を絞った教育プログラム、特別な学校プログラム、作業療法と理学療法といったものを集中して受けさせることにした。ジョリーはまだはっきり話せなかったし、言葉も十分に出てこなかった。代わりにピクチャーブックからジュースのコップの絵のカードを取って、ケリーに渡すことを覚えた。

「ピクチャーブックの絵のカードじゃないと、ジョリーはどうやって頼んでいいかわかりませんでした。『ジュース』という言葉は繰り返すことができましたが、ジュースを飲みたいと人に知らせることはできませんでした」

サウスカロライナ州で、ジョリーは幼稚園の自閉症対応プログラムを受けることになった。だが、このプログラムは一年で廃止され、普通学級に入れられることになる。ジョリーは普通学級をひどく嫌った。

「バスが迎えに来ると、ずっと泣いてました」とケリーは思い出す。

学校ではジョリーは補助の先生に付き添われて校内を移動することが多かったという。

「少しあとになってわかったのですが、ほかの子たちと一緒にいると、ジョリーは何もかも受け入れず、完全にシャットダウンした状態になってしまったようです。自分の中に閉じこもり、周りから逃げたいと思っていたのです。その数年、わたしたちは本当にどうしたらいいかわかりませんでした」

ケリーはつづける。

「何もかもがあの子を緊張させましたし、不安にさせました。全世界が自分に攻撃をしかけてきて、いつも脅えているんだとしたら、一体どんな感じか、わたしには想像もつきません。

小さな子供は周りの人たちを見ていろんなことを学びます。でも、あの子は床に体を投げ出して泣き叫んでいるだけでした。ようやく静かになっても、人を見ることはしません。あの子には小さなことを一つひとつ、その場に応じて少しずつ教えていくしかありませんでした。今だって何か包みを開封したり、何かをつなぎあわせるのに大変な苦労をしています。特に生活に必要なものを覚えるのは大変なことなんです」


ジョリーが八歳になり、小学校二年生に上がると、ケリーはわが子を在宅教育、すなわちホームスクーリングで指導することにした。

「ホームスクーリングを始めると、あの子は見る見るいろんなことを学びましたし、いろんなものを読むようになりました。ジョリーは読むことで、ああ、こういった言葉を合わせると、こんな意味になるんだとわかったようで、話す力もずいぶん伸びました」

だが、ケリーは付け足す。

「今でもあの子にいろいろ言ったりしても、やっぱりわたしが言っていることがわからないことはあります。意味を理解することができないんです。ジョリーも自分は言われたことを理解していないとわかっています。あの子にじっと見つめられると、わたしは何か言って、それから『ママは何と言った？』とたずねます。ジョリーは答えますが、わたしが言ったこととは違うんです」

いちばん大変だったのは、これをしたら次はこれというように、いくつかのことをつづけてしてもらうことだった。

「洗濯室に行って電気を点《つ》けてきてもらうだけでも大変なことなんです。十代の半ばまで、あの子には一度にふたつ以上のことを頼めませんでした」

今も苦労はつづいている。つい最近も、店に行って、必要なものを「見てきて」と伝えたが、ジョリーは手ぶらで帰ってきて、「うん、お店にそれはあったよ」と言うだけだった。

ホームスクーリングのいいところは、自由な形式で進められることと、同時に精神の休憩も入れられることだった。

「ジョリーのペースを最優先して、あの子の精神が対処できるようにしました。脳が疲れて休みたくなれば、学習を中断しました」

ケリーはジョリーのたったひとりの先生だっただけでなく、治療コーディネーターとして、ジョリーがコンフォートゾーン[*10]を超える手助けもした。ホームスクーリングを始めてからは「いつも一緒にいなければなりませんでした。一瞬一瞬が学びの場でした」とケリーは思い出す。ケリーはいつもジョリーとともにあった。

「自分のすべての時間を捧げることになります。仕事はあきらめました。世間との付き合いもなくなりました」

ケリーは自分と同じことがほかのすべての人たちにできるわけではないことも重々承知している。現実的ではないし、必ずしも最善の解決策とも思えないからだ。

「ある段階までは、高校を卒業できれば万々歳と思っていました。でも、あの子はすごく勉強して、大学レベルの授業の単位もいくつか取得できたんです。サポートは必要でしょうけど、大学に行けるかもしれないと思いました。大学で学位を取って卒業できたら最高です。トルーマン奨学金[*11]とローズ奨学金を給付されるなんて、夢にも思いませんでした」

ジョリーはふたつの奨学金を手にした。

ジョリーの知性は常にはっきり見て取れるものではなく、ケリーにもわからないことがあった。

「あの子は誰にもわからない、とんでもない天才的な頭脳を持っています」とケリーは言う。

ジョリーの頭脳が「隠された」状態にあった理由のひとつに、自分の考えを普通のやり方で示さなかったことがある。十八歳になるまであまり話さなかったし、話しかけられても口を開かなかった。言葉のコミュニケーションが求められるのは「情報を交換する」ことだけで、それ以外に「必要性を感じない」とジョリーは考えていたのだ。だが、ケリーは補足する。

「思ってもみませんでしたが、のちにすごく緊張する面接を受ける際に、自閉症であることがプラスに作用したのです。全然緊張しないのです。関心のあること以外、すべてシャットアウトできてしまうのです」

ケリーによれば、ジョリーは話し出すと、「何でもあからさまに口にします。嘘はつきません。聞かれたことには一切遠慮せず、まっすぐに答えます。人を喜ばせようとか、相手が聞きたいことを話そうといったことは考えません」。


ジョリーは確かに率直に正直に話す。だが、言葉に意味も込める。見識は常にしっかりしているが、感情というより、論理に支えられているのだ。さまざまな面を明瞭にする能力に秀でている。論争は好まず（時々わたしを論破しようとすることはあったが）、情熱が大切とは考えず、人間の世界は創造主の手によるものと万事快く受け止める。

ジョリーは自分の欠点と思われがちな部分も自覚している。それは感情がないことかもしれないし、人の話をよくさえぎってしまうことかもしれない。あるいは人を傷つけたり、何を口にするか、どんな言い方をするか、常に注意しなければならないことかもしれない。ジョリーに言わせれば、他人を「ブルドーザーで押しのけ」たりすることがないように、だが、ジョリーが自分のことをそんなふうにひどくきびしく言うのを何度も耳にすると、とても気の毒で、胸を痛めずにいられない。ジョリーは二十五歳で、ほんのちょっと前まで、一杯のジュースが飲みたい時に何と言えばいいかわからず、「今夜は冷えるね」という言葉をどうにかひねり出していたのだ。そんな彼が今は高度な会話をこなしているし、周りに期待もされている。ますます感情が激しくぶつかり合い、一つひとつの言葉の重みが推《お》しはかられ、何を口にすべきか慎重に選び出さなければならないこの世界を、ジョリーは歩きつづけなければならないのだ。

ジョリーとオックスフォード大学ウスターカレッジ[*12]の礼拝堂の晩禱[*13]に参加した。何世紀も前に緻密な彫刻が施された色の濃い木造物を周りに見ながら腰をおろし、蠟燭に灯がともされ、ちらちら光が射す壁の上でいまにも踊り出しそうなさまざまな植物や動物が描かれた色鮮やかな架空の王国を目にしていると、牧師が唱える「主の祈り」が聞こえてきた。あの一節だった。

「わたしたちの罪をおゆるしください。わたしたちも人をゆるします」

隣のジョリーに目をやると、ふくらはぎと足首が装具で固定されている。忠実な介助犬デイジーは脇に体を沈めているが、顔を上げてあたりを常時警戒している。キリスト教初期の福音書の著者たちは、自分たちが書き記した祈りの言葉が、二十一世紀を生きる自閉症の男性に向かって(英語で)読みあげられるとは想像もしなかっただろう。遺伝子操作とAI(人工知能)の時代が訪れ、より完璧な人間を作り出すことについて公然と論議が交わされるこの時代に。

だが、わたしたちはこの時代に生きている。

わたしたちの誰が知性や完璧さの概念を定義するのか?

どのようにして?

こうした答えの出ない疑問が、ジョリーとわたしの対話と本書の中に継ぎ目なく織り込まれているのを、読者は何度も目にすることになる。

わたしたちは哲学的なことからふたりともガチョウの糞がくさいと思うことまで、あちこちを行ったり来たりしながらさまざまなことを話したが、ジョリーが対話を楽しみ、次は何の話だろうかと期待もしてくれていたことを願っている。わたし自身は大いに楽しめたし、次は何を話そうかといつもわくわくした。

ジョリーの発言を通して、いくつもの大きなアイデアだけでなく、顔文字や知識人たちのことや、学生リーダーを務めるにあたって参考にしたマニュアルや、自閉症の人のお手本になることなどについて、縦横無尽に論じあった。その過程で、ジョリーは自分のことも話してくれた。ジョリーがどうやって少しずつ定型発達者の世界と触れ合い、かつて例がないほどそこに長くとどまることができたのか、彼の意識をわたしたちは深く掘り下げている。

「少なくともどこか体の一部で、世界は僕のために作られているわけじゃないから、この世界が好きじゃないと感じたことは何度もあったけど、どうしてかわかりませんが、それでもそこに加わりたいと思いました。そしてそこに入ってみると、自分を抑え込んで、ずっと大きなシステムが作り出す規則に従って行動することが求められた。でも、頭の中にはいつも自由がありますし、自由な精神は周りと関係なく育むことができます」

本書はそんな心の中の旅をつづるものだ。ジョリーがこの旅にわたしを誘ってくれたことに、言葉にならないほどの喜びを感じる。次章以降、皆さんにもこの旅の魅力をお伝えできるよう、最大限努力したい。

2　脳内空間

はるか昔から心臓は重要なものと思われていた。古代エジプトの死体防腐処理師（ミイラ職人）たちは臓器をすべて取り除いたが、心臓には人間の知性と感情がすべて宿っていると思い、これを残した。ギリシアの哲学者アリストテレスは紀元前四世紀に、心臓は人間の体を司《つかさど》る臓器であると書き記している。心臓に近いところにある肺も離れたところにある脳も単に副次的というかそれほど「重要ではない」臓器であり、主な役割は何よりも重要な心臓を冷やすことにあるととらえていた。

誰もが同じように考えていたわけではない。ほかの古代の哲学者や医師は、脳が独自の重要な役割を担うと主張した。「ヒポクラテスの誓い」[*1]で知られるヒポクラテスは、脳には「楽しみ、喜び、笑い、慰めのほか、悲しみ、悲嘆、失望、落胆」といったものが貯蔵されているとした。医学者で哲学者のガレノス[*2]は、脳はわれわれの「理性ある魂が腰をおろす場」であるという言葉を残している。ガレノスはわれわれの精神的な魂が心臓の内部にあるとしたうえで、空腹や喜びを満たそうとする三番目の魂が肝臓の中にあるとした。

それから二千年の歳月が流れ、脳はその他すべての臓器より重要なものと思われるようになった。人間の活動を完璧に司るこの約一・四キロの塊は、折りたたまれて頭蓋骨の中に収まっている。広げて伸ばせば、頭蓋骨内側の表面積の三倍にもなる。実際、脳の大きさは枕カバー一個のサイズに等しい（脳の大きさがわたしたちの頭を載せるものに等しいとはなんとも興味深いことだ）。

脳は今では体の機能と知的活動すべてを統括するものと認識されている。肺で呼吸が行われ、心臓の鼓動で血を体内に送り込むのも、すべて脳の自動設定によるものだ。聴覚、味覚、視覚、嗅覚、触覚も処理する。あらゆる創造意欲も数値計算も脳内で起こる。発話されたすべての言葉、保存されたすべての記憶はすべて脳に貯蔵される。

だが、人間の脳とは何か？

原始的な解剖に始まって、今では脳の高解像度スキャンが可能になり、脳科学者は、脳が三つの要素で構成されていると考えている。

まずは、脳幹だ。これは呼吸したり、心臓の鼓動や体温を一定に保ったり、においを嗅いだり、咳をしたり、嘔吐したり、何かを飲み込んだりするといった、基本的な人間の体の活動を担う。次に小脳がある。小脳は体の動きや姿勢やバランスを管理する。そして三つ目が大脳だ。文字通り大脳が脳のいちばん大きな部分を占めていて、脳幹と小脳の上に載るような形で存在する。大脳には右脳と左脳があることが知られている。聴覚、視覚、触覚、嗅覚、味覚のほか、言葉、理性、感情、学習、微細運動能力[*3]は、すべて大脳によって管理、統括される。本を読んだり、オペラを楽しんだり、建物を建造したいのであれば、大脳が必要となる。

大脳の表面は皮質とも呼ばれる。ここに脳のしわ（脳回[*4]）や溝（脳溝）が顕著に発達している。山のように盛り上がった部分や谷のようにへこんだ部分によって、大脳の表面はごつごつした大地のようにも、殻から取り出したクルミのようにも見える。皮質には通信網のような働きがあり、脳のあらゆる箇所にメッセージや情報、信号を伝える。

脳の構造や階層、伝達手段についてはわかったが、それらはどのように機能するのか？わたしたちはどのように物を見て、においを嗅ぎ、味を感じるのか？　一方でどのように考え、哲学的に思索し、記憶し、忘れるのか？

今から二百年ほど前、科学者たちはようやく脳の特定の領域が、それぞれ異なる役割を果たしていることを突き止めた。それ以前は、脳はひとつの個体として機能していると思われていたのだ。早くから脳の各部分が異なる役割を果たすという異説もあったが、受け入れられることはなかった。一八〇〇年代に入って、フランツ・ジョセフ・ガル[*5]は、記憶の「いい」人は目が「膨らんでいる」として、脳の記憶を担う部分は両目の上の裏側にあるという説を打ち出した。

時に脳卒中や事故や怪我を経験した人たちの死後の脳を切開することによって、あるいは動物の脳に電極を埋め込むことによって、科学者たちは何十年もかけて脳のどの部分がどんな役割を果たすか、正確な見取り図を描き上げようとした（こうした試みを非常に複雑にするのは、ひとえに脳の各所の名前がその周辺の頭蓋骨の位置から取られていることにある。頭をひねるようなラテン語源の用語がたくさんあてがわれているのだ。たとえば「メモリーゾーン」〔記憶する部分〕とは言わずに、「側頭葉」〔temporal lobe〕[*6]と言わなければならない）。

脳科学は左右の大脳半球をそれぞれ四つの部分（葉）に分けることで確立された。四つの部分はそれぞれ異なる役割を果たす。

たとえば、個性（人格）と判断力のふたつは、集中力や自我（自己）意識とともに、前頭葉が担うものとされる。

前頭葉よりも後頭部寄りの頭頂葉は、言語分析、痛覚、触覚、空間認識を担うと言われる。

頭頂葉の後部下に位置する後頭葉は、色や明るさや動きなど、視覚情報をとらえるとされる。

そして先ほど出てきた大脳半球下部両側にある側頭葉は、記憶、配列や順序、秩序や構成を司るとされる。前頭葉、頭頂葉、後頭葉、側頭葉以外の部分にも皮質の塊が隣接しているのが確認できるが、どのような機能を担うかはわかっていない。

このように大脳半球各部分の役割を示すことはできるが、はっきり言えるのはふたつとして同じ脳はないということだ。それぞれの重要な役割を担う部分は、一ミリ以下の違いかもしれないが、やはり人によって異なる。時にはまるで違う場所であったりもする。多くの人の言語能力や発話能力は左脳が担うとされているが、左利きの人の三分の一は発話能力の一部、あるいはすべてを右脳が司るという報告もある。

精神の情報伝達も人によって異なる。誰もが軸索[*7]を有していて、この軸索が神経の興奮を情報として脳の各所に伝えるが、その伝達経路は人それぞれだ。わたしたちの脳の回線は確かにたがいに微妙に異なっている。あるいは大きく異なっているのかもしれない。

自閉スペクトラム症[*8]と診断された青少年数名の脳神経画像を撮影するプロジェクトが最近ふたつ行われたが、それによると、自閉スペクトラム症のコミュニケーションと情報処理を司る大脳皮質にある脳回の隆起は、脳のある場所では、「定型発達者」と判断された幼児や十代の子供よりも多く見られるという。また自閉スペクトラム症の診断を受けた人たちの大脳皮質は、通常と比べて厚い個所もあれば、薄い個所もあることが確認された。すなわち、自閉スペクトラム症の人たちの脳は、定型発達者の脳とは実質的に異なっているのだ。

ここから本題に入る。これまでの前提は脇に置いて、高解像度画像やMRI検査の音響は一切気にすることなく、ジョリー・フレミング個人の脳を見てみよう。

「僕の『内集団[*9]』は僕だけ」とジョリーは自分の内集団について説明する。

「誰かはこうであるなんて、僕には絶対言えません。それをしようとしても、いつもまるでうまくいかないからです」

自閉症の問題に加えて、ジョリーは軽い脳性麻痺をずっと抱えているし、ミトコンドリア病[*10]のせいで食物から十分に栄養補給ができない。特別な栄養分の補給のために栄養補給管を常時、装着しなければならないし、摂取できる固形物も限られる（興味深いことに、今日の多くの医療研究者は、人の腸内の細菌と、消化器系の問題と、自閉症の三つの関係に着目している。さらに腸の器官と脳が迷走神経[*11]を経由してどのように結びついているかも興味の対象になっている。迷走神経は腸と脳幹の間を百ミリ秒（0・1秒）という超高速で信号を伝える。これは人間が物を飲み込んだり呼吸したりする際にかかる時間よりずっと短い。医療科学はこのようにして、腸のマイクロバイオーム[*12]と、パーキンソン病やさまざまなメンタル・ヘルス問題や脳異常といったそのほかの病気とのあいだに、新たな関係を見出そうとしているのだ）。

だからジョリーが彼自身を説明するのに、定型発達者と自閉症の人の「食事のメニュー」の違いから始めたのは、驚くにはあたらないだろう。

ジョリー・フレミング、ジョリー・フレミングについて語る

ジョリー　「やあ、僕は自閉症のジョリーです。今日の調子は？」なんて自己紹介はしません。僕が自閉症であると知っている人はそんなにいません。誰かとしばらくお付きあいすることになれば、どこかの時点で切り出します。なんとなくそういう話になったり、僕

が自閉症であるために集団内で求められたことができなかったりすると、そうであると打ち明けます。でも、初めて会う人たちには言わない。それが役に立つとは思わないから。

身体的な「疾病」とも違う感じがする。疾病は治療できる。ガンにも治るのもある。将来、ガンが完全に治療できるようになることも考えられる。病気だってわかると、みんな違う態度を取る。病気は悪いものだって即座に思うんだ。僕は自閉症だから、健康状態がよくないとみんな思うかもしれない。でも、自閉症は僕の通常の状態なんです。今と違う状態はないし、今と違う状態に将来なることもない。だから、これ以上考えても仕方ないんです。自閉症（Autism）の緋文字A[*13]を付けて、話す相手すべてに僕は自閉症ですと知らせるようなことはしたくない。

自閉症と定型発達者の違いはこんなふうに考えてみるのがいちばんいいかも。僕は代謝機能に問題があるから、脂肪分が一〇七グラムもあるハーディーズ[*14]のモンスター・シックバーガーも、トリプル・チョコレートケーキも食べられない。どんな味がするのかわからない。そういう食べ物があることは知ってるし、コマーシャルも見たことがあるけど、一体どんなものか、まったくわからない。でも、モンスター・シックバーガーやトリプル・チョコレートケーキのことばっかり考えて時間を過ごすなんてこともしたくない。もし食べられるなら、ひょっとするとじっくり考えてみるかもしれないけど。

こんなふうに考えれば、定型発達者と自閉症を対比しても、そんなにイライラしないかも。ああ、みんなモンスター・シックバーガーやトリプル・チョコレートケーキを食べてるんだなって時々思い出すだけだから。テーブルに着くとわかるけど、ほかのみんなはそれぞれ違うものを注文して、出てきたものをシェアして食べられる。でも、自閉症の人が食べられるものはメニューに載ってない。そこで、ああ、僕はみんなとは違うんだなって思う。でも、それは時々起こるだけだから、そんなものなんだなって忘れちゃえばいい。何も変わらないから、どうして僕だけなんて考えても無駄です。そんなふうにみんなできてるって考えればいい。

リリック　自分のことはどんなふうに言うの？

ジョリー　ツイッターのプロフィールには、「謎に包まれた、風変わりな思想家」(Enigmatic and eccentric thinker) と書いています。自分を語るとしたら、そしてこれまで経験した出来事以上のことを話すとしたら、たぶんこのプロフィールに込めた意味について話してみると思います。

僕はトリビアの倉庫が歩いてるみたいなものです。事実が大好き。ニュースを読んだり、ポッドキャストを聴いたりして、事実を吸収するのが好き。世界に広がった大きな問題や、環境問題や、社会問題について考えられる人を見ると、すごくうれしくなります。どんな問題も解決するって思いたいから。同じように感じる人たちに会いたいといつも思います。

やっぱり僕はどこか変わってるかも。楽しみたいけど、ほかの人たちの普通の楽しみ方では楽しめないから。ボードゲームは好き。おかしなことを話すのも好き。世間話はすごく嫌い。同じような興味を持っている人たちと一緒にいたいです。知らない人に会うのは苦手。だから僕の友達になったら、小さなグループだけど、僕がすごく大切だと思う仲間のひとりになったと思ってもらえるんじゃないかな。人に会うのは好きだけど、誰彼なしに友達とは呼びたくない。そう考えると、外向的でもあるし、内向的でもありますね。人に会うのは問題ないけど、一緒に過ごす人は選びたい。

僕にもっと興味を持ってくれる人がいたら、その人には僕にはいくつか障がいがあることを話すかもしれない。でも、ただ会っているだけなら、聞かれない限り、話さない。普段は敬虔なクリスチャンであることも話さないけど、宗教について学びたいという人がいれば、信仰についても話したいです。でも、特に進んで話すということはないかな。自分がクリスチャンだからと言って、相手に改宗してもらおうなんて思わない。でも、宗教や信仰について話したい人がいれば、話したいです。すごく興味があるから。

自分のことを話す時は、たぶん、サウスカロライナ出身です、家族と生活してました、みたいなことから言うんじゃないかな。今は同年代の人たちによく会うので、サウスカロライナ大学のことも話します。そのあと、今何を勉強しているか、どうして勉強しているのか、といったことを話します。その人のことが好きになれば、そんなふうにいつまでも話していられる。

自分はサウスカロライナ出身だと思っているけど、家族はその前はケンタッキーにいたみたいなことも話します。兄がふたり、妹がひとりいる。もしもっと僕のことを知りたい人がいれば、小学校二年生からホームスクーリングを受けた、母が先生だったことも話します。母はすばらしい先生でした。ホームスクーリングで毎日いろんなことを書いているうちに、何に興味があるのかわかりました。そのほかテニスも好きで、今も時々プレイします。ホームスクールで地理がほんとに好きなんだとわかりました。だからそれを勉強しようと思いましたし、運がいいことに近くに最高の地理学の研究プログラムを備えた大学があったのです。それでそのサウスカロライナ大学に進学しました。アカデミック・アドバイザーには海洋科学を紹介してもらい、それを第二専攻にして楽しく学びました。そこから技術と科学と世界に関心を持つようになりました。そうやって旅をつづけていたら、まったく予想もしなかった道が目の前に開けたんです。ふたつの奨学金を得て、イギリスで研究できることになりました。

これまで生きてきて、教育が重要であるとわかっています。セラピーを受けていた時から母のホームスクーリングを受け始めるまでにも、教育支援という形で、非常に熱心な教育指導を何度も受けさせてもらいました。ほとんど言葉がしゃべれない状態から、いろんなことを経験して、ローズ奨学金をもらってここオックスフォード大学で研究できるまでに至ったわけですけど、暗闇で僕がひとりでスイッチを入れたからできた、というようなものでは決してありません。すごく充実した経験の積み重ねのおかげだけれど、僕ひとりで積み上げたわけじゃない。僕は人生の旅路において、母をはじめ、多くの人たちに支えてもらっています。

このあたりの記憶は実ははっきりしないのですが、皆さんに大変なご尽力をいただいたことは重々承知していますし、決してそのことを忘れることはありません。誰でもそういう機会に恵まれるべきだと思いますが、現実問題として誰もが僕みたいに援助を受けられるわけではなく、それを思うと、とても悲しくなります。

ジョリーの旅

スクールバスに乗るのが嫌だったジョリーが、どのようにしてサウスカロライナ大学に進学し、ローズ奨学金を得てオックスフォード大学大学院の奨学生になることができたのだろうか？　そんな自分をどのように見ているだろう？　自分の人生の旅をどんなふうにとらえているのだろう？　自閉症について、どんなふうに話すだろう？　自閉症を「治療する」ことについて、どのように考えているだろう？

リリック　自閉症と診断されたときのこと、覚えている？　自閉症がどういうことか理解したのはいつ？

ジョリー　そういったことは覚えてないです。幼い頃、C先生という女の先生に診てもらっている時、何が起こっているのか、まるでわかっていませんでしたから。何かテストというか、発育チェックみたいなものを受けたのは何となく覚えています。同じく何となくだけど、C先生は「病気」を治すお医者さんじゃなく、違うことをする先生だということもわかった。母とホームスクーリングを始めてから自分は自閉症だってわかったけど、自閉症はどういうものか知ったのは、確か中学を卒業する頃か、高校に入る頃だったと思う。

教会の青年会に参加したんですが、その青年会に自閉症の子がひとりいたんです。そしてその子も自閉症だけど、僕と同じじゃないことに気づきました。違うところもあるし、同じところもある。それから自閉症というのはどういうことか、考えるようになりました。

母が僕を座らせて、僕の症状を全部リストにしたものを見せて、一つひとつどういうことか説明する、というようなことはありませんでした。自閉症はこういうものです、というようなことを教えられることはなかったと思う。今も母にはいろんなことを聞かないといけない。お医者さんたちもいろんなことを説明する時はどうしても早口になってしまうから、話についていくのは大変。

自閉症とずっと付き合っていると、いわゆる自己発見を経験していると思うことがあります。自閉症について考えることはほとんどありません。より明らかにわかる外的障がいがあって、そっちでもっと活動が制限されてしまってるから。今自閉症であることが僕の活動にどんな制限をもたらすかと言えば、内面的なものです。僕は人の感情がまったく読めないんです。だからそれを補うために、いくつかフィルターを作ってみるんです。それがあれば、自分が言おうとしていることについてちょっと考えることができるし、それによって誰かの感情を害さずにすむから。

言葉がどんな結果をもたらすか、実はまだそのこともよくわかっていません。でも、何かを伝えたいと思って、意識して言葉を選ぶようにしてきました。僕が言ったことがまったく思いもしなかった形で受け止められてしまったこともあったけど、いつも僕なりに考えて言葉を選んでいたんです。僕はどんなことも自分で決めて行っています。

でも、白状すると、大学に入学した頃は、自分が自閉症であるとは誰にも言いませんでした。あとになって、同じグループになったり、授業でよく顔を合わせたりして、かなり親しくなった人たちには伝えました。でも、自閉症の人と接したことがある人はそうはいないでしょうし、接したとしても誰か人を介してのことでしょうから、ごく手短に伝えるだけにしました。僕がどれだけ社会的な交流をするのが苦手か、人と話をするのがむずかしいか、簡潔に話しました。そして特に苦手なこととして、人が身振りや態度で示すことを読み取れないことがあるし、相手の感情や状況を呑み込めないこともあると伝えました。そんなことをごく短くいつでも話せるようにしておきました。そうすれば周りの人たちに僕がうまくできないことをわかってもらえますし、実際そういうことになっても、変なやつだと思われずにすむから。簡潔に自分のことを説明しようと思うまで、自閉症であるということはどういうことか、あまり考えなかったと思う。そういうものがあるくらいにしか思ってなかった。

リリック　何がジョリーに周りの世界にかかわりたい、壁を押しのけて、向こう側にいる人たちと仲間になって交流したい、と思わせた？

ジョリー　かなり早い段階で、どこか体の一部で、世界は僕のために作られているわけじゃないから、この世界が好きじゃないと感じたことは何度もあったけど、それでもそこに加わりたいと思いました。そしてそこに入ってみると、自分を抑え込んで、ずっと大きなシステムが作り出す規則に従って行動することが求められた。大変ですけど、僕には大事なこと。それによって、友達や自然界のさまざまなことに触れあう機会が増えるから。だから加わりつづけたい。でも、僕が何もコントロールしないと不都合な結果が生じてしまうのであれば、自分で何らかの形でコントロールするしかありませんでした。

だけど、世界に加わりたい、人と接したいと思った動機は、実に単純なものでした。複雑な理由はない。『われ思う、ゆえにわれあり』みたいな深い哲学的な衝動もいらない。そうじゃなくて、いくつか不都合が生じていて、それを解決できるかもしれないから、というだけのものでした。

リリック　大人になるにつれて、どうやって脳を「もっとコントロール」できるようになった？

ジョリー　今と違って幼い頃は自閉症のほうが脳を強くコントロールしていたかもしれません。ほとんど何にも反応できなかったから。でも、今も自閉症ですが、当時とは違う。「抑圧」はこの状況ではまったくいい言い方じゃないかもしれないけど、残念なことに今の僕にとって、自閉症の意味をもっとも的確に伝える言葉かもしれない。僕がどのように心を動かし、物事をどのように考えて、どう反応するかを考えると、「抑圧」は今も確実に存在する。でも、自分が自閉症のどの部分をすでに取り除き、これからどの部分を取り除いて、どの部分はまだ取り除けていないか、今の僕はこのふたつを分けて考えることができる。

ほかの自閉症の人たちがどのように問題に対処しているか、正直よくわかっていません。でも、いつも感じますけど、中にはもっと革新的に、全体を統合させて対処しようとしている人もいる。一方で、さっき説明した僕のやり方と同じように、自閉症の何が取り除けて、何を抑え込むことができるかという視点で対処している人もいる。でも、最終的にはほとんど同じ結果になるようだし、大きな違いが出ることはない。あらゆることが同じ空間で起こるわけだから、僕の自閉症に対する取り組み方は、ある意味、自分自身をよく理解しようとしているだけなのかもしれない。

リリック　あなたが本当にジョリー・フレミングになった、と感じたのはいつ？　今も発展中で、五十五歳の自分は今と違うだろうって思ったことは？　自分は一体誰なのか、なんとなく感じられるようになったのはいつ？

ジョリー　僕は自分が誰か、よくわかっていると思います。自分のことでわかったことがふたつあります。ひとつは、僕がどんな人で、どんな性格かわかりました。それは高校の時にわかりました。もうひとつ、僕が興味のあること、してみたいこともわかって、そのために自分を知らなくちゃいけないと思いました。自分はほかの人にどう思われたいか、それを知るには自分を知らなくちゃいけない。これは要するに、人とどう接したいかということじゃないかな。サウスカロライナ大学でこのふたつを学びましたし、どちらも本当に大事なことです。

自分のことは非常にゆっくりとわかっていきます。なんと言っても、僕らは成長しながら少しずつしか変化できませんから。でも、何が参考になったかと言えば、自分を何かと比べてみることでした。子供の頃、本当に好きなことがいくつかありました。まずは、読書とビデオゲーム。そして、自然を観察すること、特にバード・ウォッチングです。こうしたことを通じて、別世界の物語に登場する役者たちを観察する。出てくる役者たちを全員観察するのです。自己発見のプロセスはそういうものじゃないかな。心の動きを通して、情報から構築する。僕は人とはあんまり交流はしなかったけど（穏やかな言い方をしますと、人と触れ合うのが好きじゃなかったのです）、このようにいろんな物語を通して、いろんなものと比べてみることはできました。自分をそうしたものと（そしてもちろん周りの人たちとも）比べてみるのは、とても有益でした。この経験を通じて、自分の興味のあることが見出せたのです。ほんとにありがたいことでした。

何かを学ぶ上で、経験を積むことは重要です。非常に抽象的なことを学ぶ際には、実際に何かを見て、経験を積むのが役立ちます。高校生の時、地理の授業をふたつ受けたのですが、興味深い体験ができました。地理学者の仕事はどんなものか、実際に見せてもらったのです。地理学とは一体どんなものか、ウィキペディアを読むのではなく、実際に体験できました。

　自分は何に興味があるかだけでなく、奉仕活動を通じて自分に何ができるかも知ることができました。リーダーシップ・プログラムを始めたり、共同作業に参加してほかの学生や組織と関わったりすることで、人と交流するにはどうしたらいいか、学ぶことができたのです。ふたつのプログラムに参加しました。本の読み聞かせのボランティアと、海洋科学クラブです。両方の活動を通じて、地元の小学校を訪れました。読み聞かせのプログラムは、「コッキーズ・リーディング・エキスプレス」[*15]というクラブが実施していました。サウスカロライナ大学のマスコット「コッキー」（闘鶏／おんどり）を打ち出したプログラムで、学生の自治会と共同で運営されていました。コッキーのぬいぐるみを着た学生が、芝居をしながら子供たちに本を読んで聞かせるんです。コッキーは子供たちの人気者でした。子供たちはみんな楽しんでくれましたし、いくつも興味深い質問をしてくれました。僕はコッキーの読み聞かせチームに参加して、いろんな学校をまわりました。教室の様子を見たり、子供たちに本を渡したり、時には読み聞かせをしたり、新しく加わったボランティアにアドバイスしたりしました。海洋科学クラブでは、子供たちにどんな学習を提供するか、コーディネートする仕事を数年間任されました。

　こうした活動を通じて、僕はもっとうまくできるようになりたいと思いましたし、その気持ちが僕を強く動かしていると感じました。同時に、僕が何かを変えるには四十〜五十年しかないことにも気づきました。時計は刻々と時間を刻んでいる。もし教育に関わっているなら、「時間は止まらない」と考えないといけない。何かを次の世代の人たちに伝えれば、不思議なことに、その人たちがいつか自分たちのようになるかもしれないから。

障がいについて

ローズ奨学金を受けてオックスフォード大学の大学院に奨学生として迎えられることになると、ジョリーは世界中のメディアに注目された。『ウォール・ストリート・ジャーナル』に記事が載ると、あるオンライン・コメンテーターは「ジョリーは自閉症の治療法を見つけるかもしれない」と書き記した。このコメンテーターの言葉を基にして、ジョリーが自閉症の「治療」についてどう考えるか、話を聞かせてもらった。そこからさらに大きな問題も議論した。精神的にも肉体的にも能力が高いことがますます重視される世界において、障がいがあるとはどういうことか？

この議論を終えたあと、もうひとつ、大きな哲学的問題も論じることになった。不完全であると見なされるものを積極的に排除しようとする文化を推し進めるのはどうなのか？

インスタグラムの傷ひとつない画像。フォトショップのようなソフトを使えば、写真のごく小さな傷も消すことができる。

わたしたちの文化における多様性の受容に、こうしたものがどんな影響を及ぼすだろう

か？　ジョリーも質問を返してくれた。

自閉症を取り除くことは倫理にのっとったことなのか？　自閉症を取り除かないことは倫理に反するのか？

ジョリー　研究者が自閉症の治療法をあれこれ探し出そうとすることに、違和感を覚えます。

どうしてそんなことするの？

そんなふうに思ってしまう。

でも、「どうしてそんなことするの？」と誰も言いませんでした。

僕のような人は、定型発達者が使うメニューで注文できずにすごく苦労する。でも、自閉症と長く共存してきて、やっぱり自閉症用の違うメニューで注文することはないと思う。こんなふうに考えることができて、とてもうれしい。新たなチャンスが与えられても、それによって何かを失ってしまうような気がするから。良いことずくめじゃない。何かを失ってしまうことになる。何であろうと、失いたくない。失いたくない大事なものの中に、僕が感情や記憶に簡単に影響を受けない、ということがあります。さまざまな思考方法もそうで、利点がある。僕は人よりも視覚的に物事を考えられるみたいだから、それも失いたくないです。

リリック　誰かが自閉症を「矯正」したり、取り除こうとしたりするのをどう思う？

ジョリー　この議論は広く道徳的なことも考えることになるから、自閉症だけの問題にとどまらないんじゃないかな。おそらくこれから十年、二十年で、さまざまなことにあてはめられると思う。僕が心配しているのは、たとえば遺伝子操作（ゲノム編集）などでも、みんな最初にどうすれば実現できるか知りたがるけど、この技術がもたらす意味や影響を考えるのは後回しになってしまう。まずは実用化が考えられて、道徳的、倫理的な判断はそのあと。道徳的、倫理的な判断の進展は、いつもテクノロジーの進歩を見てからということになる。どうすべきかという哲学的判断は、常にテクノロジーの進歩より遅れてしまう。だから僕は心配です。遺伝子操作によってどんな悪いことがもたらされるか突き止められる前に、僕らは何かを変えてしまうかもしれない。自閉症を取り除くだけじゃなく、悪いと思われるものはみんな取り除かれてしまうかも。

　自分の子供が自閉症か自閉症でないか診断できるかどうかという問題について、人々は今より関心をもって、深く考えることになると思うのです。何も「異常」はないけど、社会の構造を鑑《かんが》みて多くの問題を抱えてしまうかもしれない子供を産むのは、倫理的に正しいでしょうか？

　興味深いですね。というのは、僕個人は、障がいを抱えていても、定義上は問題にならないことを明確にしなくてはいけないと思うからです。自閉症であれ何であれ、さまざまな障がいを抱えた人たちが、積極的に社会と交流し、貢献もしている。でも、障がいがあることで、生きていくうえで多くの困難を背負わなければならないことも否定できない。ほんとにおかしなことだと思うんです。自閉症を完全に消滅させてしまうことはできるか、それを除去しないでいるのは倫理的ではないのではないか、なんて考えさせるなんて。

今、議論になっていることに、マラリアなどの感染症を媒介する蚊を絶滅させる、それもその亜種を丸ごと死滅させてはどうかという問題があります。科学者たちは仮想生態系でバイオテストを繰り返し、その結果どうなるかを見極めようとしています。人間を扱うとなると比べものにならないほど大変ですから、まずは蚊で試してみるのはいいと思うのです。遺伝子操作によって、人間の「亜種」を根絶する。生物学上、亜種ではないけど、人類が経験したことを一部削除することになる。

でも、それでよくなるかな？

マラリアを根絶するのは明らかにいいことだけど、自閉症を取り除くことで社会はよくなるのかな？

社会は自閉症を受け入れるむずかしさをあれこれ考えるんじゃなくて、自閉症によってもたらされるすばらしさをこれからは認めるべきじゃないかな？

こうしたことが何度も問われ、検討される必要があると思う。確かに僕はこれまでとても大変なことをいくつも経験してきたけど、頑張ってきてよかったと思うこともある。こんな僕だけど、僕の人生で何らかの形でほかの人の役に立てるかもしれないし、それができたらいいなと思います。

そんなことにならなかったら？　僕にそれができなかったら？

僕にはわからない。

どうやって費用対効果[*16]を計算すればいいのかわからないし、こうしたものに費用対効果計算をしなくちゃいけないのかどうかもわからない。

常に道徳的な問題が強く問われることになります。困難を取り除く能力があるのに、何もしないでいるのは倫理的ではないのでは？

僕が何よりも心配なのは、同じ道徳的なことでも簡単に結論が出る問題が熱く論じられるだけで、論じられるべきことが十分に論じられず、いつしか議論そのものがどこかにいってしまうことです。感情的に意見をぶつけあえば、ほかの議論より関心を引いてしまうことになる。定型発達者が感情や社会のしがらみを切り離して議論をするのは、ほんとにむずかしいことですね。


Ｆ８４・０も２９９・００[*17]も自閉スペクトラム症の分類コードだ。医療者はこれを元に自閉症の発達障がい度を分類する。だが、ジョリーはどのように障がいを認識するのか？身体的、知覚的な違いを持って生きる彼の生活はどんなものか？　そんなジョリーに、人はどんな反応を示すのか？

ジョリー　多くの人たちは障がいを目の当たりにすると、感情を抑えることができず、苦痛を露《あら》わにしてしまうと思うのです。障がい者を見たり、障がい者と付きあったりするようなことがあると、感情的に反応してしまうようです。ああ、この人、どこかおかしいな、障がいがあるな、という具合に。でも、おかしなふうに感じるかもしれないけど、僕の障がいは僕にまるで反対のものを見せてくれる。僕にはいいものが見える。

苦しみや障がいの度合いを数値にして誰かと競い合うようなことはしたくないけど、もしそれをさせられたら、僕の障がいの数値はかなり高いものになると思う。僕の障がいはひとつじゃないから、きみが生きていくのは大変だね、なんて言われるかもしれない。でも、大切なのは、それに僕がどう反応するかということ。だって、僕の人生の意味を生み出すのは僕だし、それにどう反応するか決めるのも僕だから。ほかの人もみんな同じようにその人の人生の意味を生み出すことができるし、それにどう反応するかを決めることができる。

僕は人間としてどうかとたずねられているのだから、人間として答えたい。自分が何者であるかを知っている。僕は人間です。

「蠟燭に火を灯せば」、暗闇は明るくなる。限られた場所だけかもしれない。蠟燭の光で何もかもは明るくできないけど、それで闇を照らすのがいいと思う。

「ジョリーの10の自己対処法」があったとして、それをどうして世界中の自閉症を持

つすべての人に適用できないのか？

僕はほかの人たちのことをこうであると決めつけることなんてできない。でも、ほかの人たちはよく、ジョリー・フレミングはこういう人だ、と考えようとするみたい。差しさわりがない言い方をすると、自閉症の症状はそれぞれみんな違うから、それはかなりむずかしいです。「ジョリーの10の自己対処法」があっても、隣の自閉症を持つ人には適用できないようなものです。

どれも適用できない？　あるいはいくつかは適用できる？　それともいくつかは変える必要があるのかな？

わかりません。誰にもわかりません。だからみんな自分と違う人たちとはうまく付きあえないんじゃないかな。

僕はみんなとうまく付きあえないし、誰も僕のことがわからないから、どちらかというと得しているかも。ごくごくわずかな人たちをのぞいて、あらゆる人たちとうまく付きあえないことで、誰にも気にされずにすむから。

リリック　自閉症について知りたいという人には、もっといろいろ聞いてほしいと思う？　それともそのことはうまく話せない？

ジョリー　有益な情報がおたがい得られるかどうかですね。自閉症に興味がある友達は今まで知らなかったことを学べるかもしれないから、もっと話してあげるのがいいかも。僕は自閉症について話さないことで何かを失っているとは思わないけど、ほかの人は何か失っているかもしれない。

自閉症について

ジョリーは自分の自閉症について、手描きの地図や、フランシスコ・デ・ゴヤのエッチングや、魔術師を例に挙げて説明する。

ジョリーは日常的に自閉症について話すことはしない。そのことは話さずにすませたいが、自分の脳がどのように組み立てられていて、どのように動くか、実に明確に認識していて、驚かされる。

サウスカロライナ大学とオックスフォード大学で、ジョリーは地理学を専攻した。現在の地理学は地図研究から大きく進化しているが、地図作成は今なおその中心を担う。最初にジョリーに、自分の精神をどんなふうに思い描いているか、地図にしてほしいとお願いした。それによってジョリーの世界の地勢を広く見渡すことができると考えたからだ。ジョリーが描き上げた地図は、仏教やヒンズー教のシンボルの、曼荼羅《まんだら》に驚くほどよく似ていた。

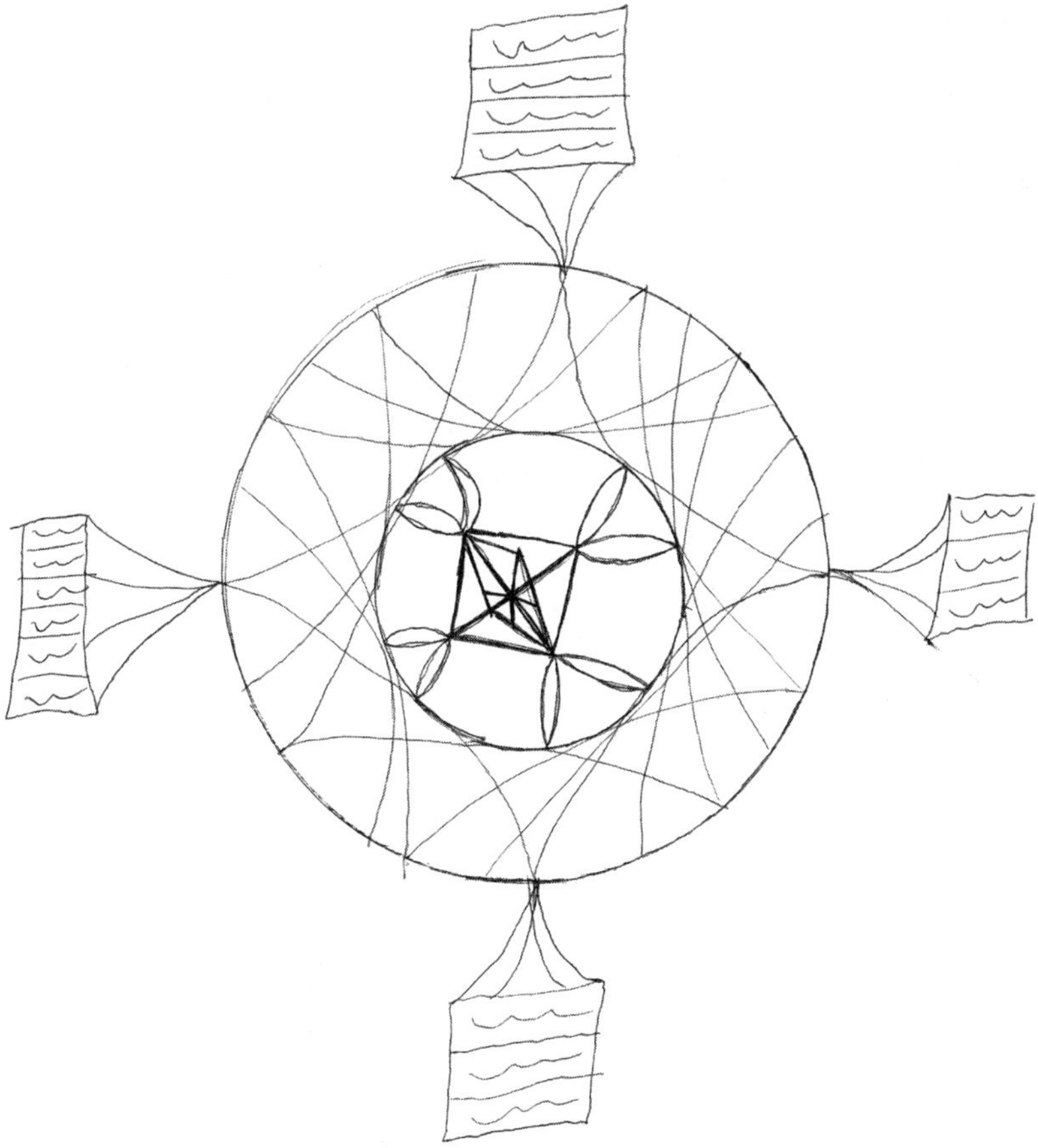

ジョリー　大きな円を描いて、いろんなところにたくさん線を引きました。僕の頭の中にはまっすぐなものがひとつもないように思うので、まっすぐな線は一本も引きませんでした。大きな外側の線で、僕が休んでいる様子を表現しました。円の外にある物体は、記憶や事実などを保存するデータベース。僕は円の中にいて、データベースから情報を引き出している。大きな円の中にもうひとつ円があって、劇場みたいに見える。ここで僕は記憶や事実の断片を見ている。頭を動かしながら何をしたいか考える時は、いつも必要な情報をこの真ん中の部分に押し込んでみる。すると、そのビジュアル・イメージを手に入れたり、音声などのほかのメカニズムに変換できたりする。外側の物体にあるデータベースは、ほかの人の脳と同じように機能しているかもしれない。でも、精神の中にはいろんな情報がいろんなところに置かれている。僕はものすごいスピードで円の中を駆け巡って、必要なものを拾い上げて、あの内側の真ん中の円に押し込みます。

どうして円を思い描いたかというと、円の中にはどんな形のものも自由に動きまわれるスペースが十分にあると感じたからです。また映画『メッセージ』[*18]も頭のどこかにありました。この映画でエイリアン（地球外生命体）の「ヘプタポッド」は墨が吹き付けられたような円で何かを伝えようとする。円はそれぞれ少しずつ異なり、どれも違う意味を示します。『メッセージ』は、科学者たちがどうやってエイリアンと話すかを描いています。面白いことに、エイリアンのヘプタポッドは映画にはほとんど出てこないし、ほとんど何もしない。どこかで奇妙な円を描いているだけで、科学者たちが彼らの言語を必死に読み解こうとします。各国の軍部や政治の指導者たちはその円の意味が理解できず、怒りを爆発させて、ヘプタポッドもろとも爆破しようとする。これにエイリアンのヘプタポッドたちはすごくおびえてしまう。僕もほかの人たちのことを時々こんなふうに感じてしまうから、このエイリアンたちと同じかもしれない。僕もただ円を描いているだけで、誰にも理解してもらえないのかも。

真ん中の円の中に奇妙な形も描きました。どうしてダブルピラミッドみたいなものを描いたのかはっきりしないけど、このスペースはひし形ですごく閉塞された感じだから、もうひとつ円を描いてもうまく収まらないと考えたのかも。このスペースで、僕は自分が考えていることを言葉にする。言葉を話すことは直線的だと思います。だから人とコミュニケーションをはかるには、僕の考えやアイデアをもっとまっすぐ鋭角的にして伝えなければならない。というのは、ほとんどの人の脳は直線的にできているから。でも、僕の頭脳は全然そうじゃない。

僕の精神ではA→B→Cと直線的に意識が移動することはないです。だから連続する指示を受けると、満足にこなせないことがある。普通の人は、AからBをしたらBからCをしなさい、という指示を受けたら、まずはAからBをこなそうとする。それがその人たちにはいちばん楽だから。でも、僕はできない。A→B→Cの指示を受けたら、どうしたらいいかわからない。

何年ものあいだ、現在のように脳に完全にアクセスしたりコントロールしたりすることができませんでした。何度も中間のスペースに長いこと閉じ込められてしまい、周りからの刺激を受けつづけるだけで、真ん中の円の情報源にアクセスできませんでした。周りからの刺激を「ジョリーの形」に変換することができなかったのです。考えることができなかった。ただ意識をシャットダウンするだけで、何もできなかった。

自閉症の頭脳はどのように見えるか、ジョリーに答えてもらったが、そこでフランシスコ・デ・ゴヤのエッチング『理性の眠りは怪物たちを生み出す』[*19]（53ページ）について、一緒に考えることになった。ジョリーは眠っている人物や絵の題名に惹かれたわけではなく、背後に描かれた怪物たちに興味を持ったのだ。

「怪物たちは」とジョリーは言う。「別世界で、異なるシステムを操作しているように見える」

ジョリー　最初は寝ている人が物語の中心にいるように思えるけど、実際に中心を担うのは一匹の猫か、あるいは何か動物のようなもの。絵を見る者をまっすぐに見つめている。僕にとっては、これは表面上はわからないけれども自閉症を絵で表しているように思えます

自閉症は僕の意識の一部だけど、いちばん重要なわけじゃない。僕の脳は自閉症が作り出した機械かもしれないけど、今ではその機械は僕が操作しているんだから。

El sueño
dela razon
produce
monstruos.

それでも自閉症は確かに僕の中心を占めている。同じようにゴヤのエッチング『理性の眠りは怪物たちを生み出す』でも、中心を占めるものが絵の裏に隠れてる。

人間の頭脳は左脳と右脳に分かれていて、左脳は言語、計算、理論分析など、論理的な思考を行い、右脳は音楽、幾何学、発想など、芸術的な分野に関連しているとわたしたちの大半は考えているかもしれない。だが、ジョリーは自分の脳は「今僕が舵を取っている脳の機械」と認識する部分と、彼には理解できず、アクセスもできない神秘の部分とに分かれていると言う。

ジョリー　僕の脳の大部分はいつも自閉症を処理していると思う。そこで僕がしたいことより大事なことが行われているから、僕はアクセスできない。「今忙しい」とその部分は言う。自閉症は稲妻を呼び出す魔術師みたいなもので、いっぽう脳のほかの部分は煉瓦を何重にも積み上げて壁を作っている職人のイメージ。積み上げた煉瓦の一部が魔術師の呼び出した稲妻で破壊されてしまうと、僕の脳は再び積み上げないといけない。僕がストレスを感じる状況にあると、次々に稲妻が発生して、職人は忙しく仕事をすることになる。僕の脳のエネルギーの大部分は、こんなふうにいつも壁を積み上げる作業に使われている。
　どうして魔術師が自閉症の象徴なのか?
　脳内の自閉症の部分が僕には理解できないし、神秘的だからです。魔術師もみんなとても神秘的。どの魔術師もすごくカッコいいローブみたいなのを着てるけど、そのおかげで彼らを操るのはすごくむずかしい。それから自分がしたいと思うことが、魔術師がしたいと思うことと一致してないかもしれないと僕は感じる。だから魔術師はすごくイライラして、稲妻をガラガラ落とす。そんなふうに魔術師のイライラがある段階でピークに達して、稲妻を呼ぶのかも。

リリック　壁を作って魔術師を閉じ込めて稲妻を落とさせないようにしようと思ったのはいつ頃?

ジョリー　子供の頃は状況が逆で、魔術師に実権を握られていて、魔術師に脳を操作されていたと思います。僕は外側から眺めているだけで、脳を自分で操縦することはできなかった。でもある時、奇妙に釣り合いが取れるというか、世界とうまく交流を始められると思えるくらい、力が拮抗するのを感じたんです。大きくなるにつれて、自閉症に対する僕の立場が変わっていって、ある時、完全に逆転しました。大学に入ると、自閉症のことを日々心配しなくてもよくなった。それから強い自信を持ち、きびしい環境にも屈することなく、壁を強く固めることができるようになったのです。

ここで自閉症をどう定義するかという問題を考えることもできます。

自閉症は僕の脳の基本状態でしょうか?

それとも誰かほかの人に操縦桿《かん》を奪われてしまい、自分では操縦できない状態で出てしまう反応でしょうか?

どちらにしろ、僕はそれを抑え込もうとします。いつもうまくいくわけじゃない。根っこの部分は抑え込むことができるけど、表面の部分ではいつも戦ってる。

ほとんどの人は自閉症を実際に経験しているわけじゃないから、自閉症のことはほとんど何もわかってないと思う。でも、実際に経験している僕もやっぱりどんなものかわからないから、説明するのはむずかしい。僕の場合、魔術師と壁を作る職人という矛盾した存在が脳の状態を安定させているんだと思う。どうしてかわからないけど、それで均衡が保たれています。「均衡」はとてもいい言葉ですね。意味がひとつで、いい含みも悪い含みもほとんどない。均衡がとれているから、僕が存在する。でも、言葉は不完全だから絵で表すほうが好きですね。絵のほうが味わいがあって、余計な含みも少ないから。

ジョリーの精神はどう機能するか?

ジョリーは自分の脳がどう機能するかについての違いをわかっているだけでなく、他の人と比べてどう違うかもわかっている。こうした違いの多くは、言葉を使わないことから生じる。

ジョリー　ほかの人たちと認識の違いを最近よく感じます。同じものを見てるのに、ほかの人とは違う解釈になってしまう。みんな客観的に情報を提供しているとよく言うけど、実際は主観的に変換しているんじゃないかな。

たとえば、ほかの人は「ああ、あれは木だね」とか「あれは本だね」とか対象物を見て言葉にします。でも、僕は目にした情報を解釈します。単語と結びつけるのではなく、木に関する過去の記憶を引き出します。言葉を使う必要はないんです。

僕は自分に話しかけるようなことはしません。僕自身と僕の内面について論議を重ねるのはものすごく時間がかかるから。物事を考える時は、ただ考えるだけ。僕自身と話す必要があるのかな？

僕は脳に保存した情報を引っ張り出してきてつなぎあわせて、一つひとつ見つめてみるだけです。

リリック　じゃあ、ここでジョリーの精神処理分析をイメージしてみましょう。わたしたちが手にしている情報はすべてレゴ[*20]のブロックと考えてみて。レゴのブロックで何かを作る時、定型発達者は「まず黄色いブロックを手にして、それを赤いブロックにくっつけよう。そのあと青いブロックもくっつけて大きくするんだ」といったふうに考えると思う。

ジョリーはレゴのブロックでどんなふうに遊ぶ？　どんなことをイメージする？　レゴのブロックをここで持ち出すのは適切かな？

ジョリー　すごく適切だと思います。レゴのブロックがすごくかたくて、つなぎあわせないと遊べないことを除けば。そんなふうにレゴのブロックで遊ぶことはできるけど、ここでは全部宙に投げ出してみることを考えてみてください。投げ出されたブロックは重力から解き放たれたかのように、動くことなく、宙に浮かんでいます。自分もその真ん中に浮かんでいます。そこでは何かを組み立てる必要はありません。その場で体をまわして、レゴのブロックを一つひとつ眺め、線を引いてそれぞれをつなぎあわせるだけでいい。レゴのブロックは同じ場所にとどまっていて、くっつきあうことはない。くっついてないから、宙に浮かんだブロックを線でつなぎあわせれば、いろんな組み合わせができる。

ひょっとするとプレイ・ドー*21のブロックを考えてみるのがもっといいかも。プレイ・ドーは粘土で形を変えることもできるから。レゴのブロックはレゴのブロックに見えないとだめだけど、プレイ・ドーなら形をいくらでも変えられる。

ジョリーが言葉による表現は限られている、伝えたいことが伝えられないと見る理由のひとつは、言葉は基本的に不正確で、主観的に話される、と考えるからだ。

レゴのブロックについて話したあと、ふたたびゴヤのエッチング『理性の眠りは怪物たちを生み出す』に戻り、人間の思想をできる限り言葉にして伝える際、主観性は含まれるかという問題を論じることになった。これによって、言葉と思考の主観性と客観性について、時間をかけて議論することができた。話はあちこちに行ったり来たりしたが、ジョリーが頭の中でどんなふうに情報を区分しているか、それも明かされる。

ジョリー　ゴヤのエッチングに加えて、みんな自分の思考がいかに客観的に機能していると思いたがるかについても考えてみました。でも、僕は思うけど、主観的であることから逃れることはできないし、だから面白いんじゃないかな。文化、世界観、イデオロギーといったものが、僕は昔からうまく理解できない。まるでこのレゴのブロックより、別のレゴのブロックのほうが重要だと考えてるみたいだから。ある瞬間にはこのブロックより別のブロックが重要だということがあるかもしれないけど、同時にひとつのブロックだけが重要じゃない、みんな同じなんだという可能性も切り捨てられるべきじゃない。

どうしてイデオロギーや世界観を振りかざして、自分の考えを押し付けるようなことをするのか、僕にはまるでわかりません。

特定の考えを持ってしまえば、別の考え方を自然に受け入れることができなくなるから、自分の考え方を狭めてしまうんじゃないかな。自分と正反対の考え方には、すごく感情的に反応してしまうこともあるかもしれない。意味がないことだと思う。どうしてそんなことするんだろう?

賛成できないことを誰かが言ったとしても、僕は反論しない。みんな感情的に反論するけど、その気持ちがどこから出てくるのか、よくわからない。

こうした問題が、言語の問題と同じように、僕の前に積み重ねられている。ほかの人が直感的に理解できる言葉のニュアンスや共通認識が、僕にはわからない（60ページ最終行につづく）。

文化の概念はどうしてジョリーにとって意味がない？

ジョリー　文化というものは僕にはまるで意味がありません。ある場所に育ったからといって、特別な話し方をしたり、特別な見方や考え方をしたりすることがあるだろうか？　たとえばアメリカに住んでいてもイギリスに住んでいても、同じ英語を話していれば、基本的に大きな違いはないと僕は思う。でも、地形や天候の違いなど、環境の違いは明らかで、僕にもすぐにわかる。文化の違いを理解しようとする時、僕は環境の違いだけに注目する。環境の違いは、どんなふうに文化に影響を及ぼすでしょうか？

ある時、母と北アイルランドに旅行しました。そこからアイルランド海[*22]を挟んでスコットランドも見ることができました。せいぜい十四マイルか、十五マイル（二十二〜二十四キロ程度）くらいしか離れていません。海を越えれば、いろんなことが違うけど、僕にとっては意味がない。アイルランドとスコットランドはすごく近い。だからみんな同じはずだけど、そうじゃないというだけ。

（59ページから）

リリック　それについてもう少し聞かせて。自分には障がいがある、うまくできないこと

わたしたちは、わたしにとってジョリーはいつも言うけど、こうやって文化について話してくれるし、わたしにはとても新鮮な考え方に聞こえる。あなたがさっき言ってくれたように、わたしたちは文化が違うからといって、おたがいに異なるとは思わないという考え方は、わたしにとっても否定的ではなく、肯定的に聞こえます。それについて何か言いたいことはある？

ジョリー　どんな考え方にも、いい面と悪い面があります。多くの人が流行語のように「多様性」を口にします。でも、たとえば生物の多様性からどんな恩恵がもたらされるでしょうか？　恩恵の一部は複雑さによってもたらされますし、僕らのあらゆる強さと弱さがそこに含まれます。

たとえば、僕の文化に対する考え方が人と違うから、あなたには新鮮だと思えるのかもしれません。でも、僕自身は文化的な議論に関心を持つことはないけど、その議論においては自閉症が少数集団と見なされる可能性があることはわかる。そしてほかの少数集団、特に少数民族や宗教的マイノリティにとって、自分たちの文化はとても大切で、それがほかの集団には見られない考え方を現実に形成しています。

皮肉なことですが、たとえば僕にはまるで意味がないと思える文化や事象も、その文化を担う一人ひとりにとっては非常に重要で、大きな意味がある。このように、文化に関しては逆説あるいは矛盾が見られるわけです。こっちはまるで重要でないと考えるけど、それが非常に重要であると考える人もいる。常に自分たちの文化のとらえ方がいちばんであると思っているからなのか、多くの人は僕が今言ったような文化の多様性や矛盾を受け入れることができない。進歩を遂げるにはみんな考えを改めて、こうした矛盾や複雑さを受けとめる必要があるんじゃないかな。

僕の物の見方や考え方がほかの人とは違うからすごく重要だとは思われたくないです。僕の物の見方や考え方に触れて、どんなものか思いを巡らし、いろんなものと比べてみて、微妙な違いを感じとってほしい。定型発達者が自閉症について完全に理解できるとはとても思えません。それはむずかしいことです。同じように、僕も定型発達者のことが完全にわかることはないと思う。とても善意あるふたりが一生懸命説明しておたがいのことをわかりあおうとしても、結局最後はふたりとも首を振って、肩をすくめて、やっぱりわからないよ、というようなことになってしまうのかも。偉そうな言い方はしたくないけど、ただ、僕が皆さんのことを理解していないのと同じように、皆さんも僕のことで理解していないことはあるから。

でも、それでいいんです。僕らは同じヴィジョンを分かちあえないというわけじゃないし、求められることを成し遂げるためにひとつになって動くことができないというわけでもない。

言葉は元来、主観的なものであるという問題を論じるにあたって、ジョリーは疑問を提起する。考える時には言葉を使うが、それで本当に自分自身の考えを持てるのだろうか？

ジョリー　ゴヤのエッチング『理性の眠りは怪物たちを生み出す』を見て思うのは、人は本当に自分の考えを持っているのだろうか、ということです。なぜなら言葉を使って考えるのであれば、そもそもまだ自分が完成させていないものを使うことになるからです。言葉は限られているから、常に主観的な要素がいくつか盛り込まれると僕は考えます。

たとえば、イヌイット語には雪や氷を表現する語がたくさんある。最近、rionnach maoim というゲール語の表現を耳にしました。たった二語で「太陽が当たる日は、荒れ地に雲が影を射す」という意味を正確に表現します。こうしたさまざまな特別な語や表現によって、客観的な情報が共有される可能性が大きく広がります。

でも、僕がこれまで住んできた場所では、雪を指す言い方は誰が言ってもひとつしかないから、どんな雪であるか正確に伝えるには、形容詞をいくつも重ねなくちゃいけない。それってすごく無駄だし、可能性も狭めているんじゃないかな。客観的に見たり考えたりすることを制限しているように思う。僕がそれを別の言葉に置き換えて、イメージを思い浮かべるとなると、もっとむずかしい。

さまざまな世界観やイデオロギーが付け加わっても、それでも自分で考えていることになるのかな?

それともいろんな情報源からただ引用してるだけなのに、何をしているか自分でも気づいてないのかな?

僕は情報が蓄積されたキャビネットに入って、ほしい情報が見つからなくても、うっかり別の情報を引き出すことはないと思います。赤いレゴのブロックを全部投げ出したら、黄色いブロックが意味もなく出てくるかもしれない。それが黄色だから赤より価値があるとは思わない。でも、人は言葉やイデオロギーや文化に関して、あるものがあるものより価値があると考えているように僕には思える。

リリック　客観的な情報ってどんなもの？　それに対して主観的な情報は？　違いを定義できる？

ジョリー　情報は計器を読み取るように、見て、感覚を通じて、直接経験できると思います。でも、人の心を通り抜けるものは、何であれ、その人の主観的な情報になってしまうと思う。その基準で判断すれば、人が言うことも主観的な情報になる。僕は人の主観的情報や発言を信用しないわけじゃないけど、それは客観的なものではない。

どうやらほかの人たちは、何が情報を主観的あるいは客観的にしているのか、もっと幅広く定義しているみたいですね。何かをどう分類するかは、その話題に対して自分がどう思ったかで決まることも少なからずある。でも、主観的であるか客観的であるかは二元論的なもので、自分が観察したかどうかで決まると思う。

この人はこうだ、と僕が推測できるとは思えない。それをするほうがいいのかなと思うこともあるけど、いつもうまくいかないから。でも、ほかの人たちは特に意識しなくても、この人はこうだ、と自動的に判断できるみたい。ただ、自分の考えや見方は限られているってことを忘れているみたいで、そこから不信感が生まれてしまうと思う。でも僕は人を信頼しないわけじゃなく、この人はこうだと考えることができないだけです。

会話が進む中で繰り返しはっきりしたのは、ジョリーは自分が特定のグループや共同体に属しているのではなく、ひとりの人間として独立していると強く感じていることだった。ここには、個性と孤独の両方を感じ取ることができる。何より、ジョリーは自分が周りのどの人とも違っていると強く感じているのだ。このことは、さまざまな形で何度も論じることになる。

リリック　ジョリーの脳がどのように構成されているか、そして脳が情報にどのようにアクセスするか、少し話してきました。ここではその情報をどうやってつなぎあわせるか考えてみましょう。それについてどう思う?

ジョリー　僕がどんなふうに考えるか、ほんとに誰も理解できないと思います。みんなが比較の基準にするのは、自分自身であり、定型発達者として物事が考えられる人だから。でも、これはつまり、僕はいろんな状況でそこで話されていることとまったく違うことを口にしてしまうかもしれないということ。なんでみんな議論に集中しているの?　カーニバルの話をしない?　僕がそんな場違いなことを口にすると、みんなきっと「いきなり何言い出すの?」って思う。でも、僕はそんなことを考えてしまうんです。まったく違う飛行機に乗っていて、まったく違う視点から物事を見ているんだと思う。
最初に言っておきたいのですが、定型発達者の人が容易にできるのに僕にできないことはたくさんあるけど、僕にできてほかの人にはできないこともあるんです。自閉症だから、あるいは何かほかの理由によって、定型発達者とは物事を違う視点でとらえられる。そんな人たちの中には、ごくわずかかもしれないけど、議論に持ち出す価値があるものを持っている人もいる。そんな人たちがいることは、すごく社会のためになると思うのです。
もちろんよい面も悪い面もあります。僕は自分ができることをうまく活用したいと思います。同時に、僕には決して埋めることができない大きな穴が開いているというか、常識が大きく欠けていることもわかっています。だからこそ、よい面も悪い面も活用したいです。

リリック　今言ってくれた「常識の穴」だけど、ジョリーはどんな時に困ってしまう？何があなたの毎日の生活をむずかしくする？

ジョリー　いい質問ですね。僕がすごく苦労してしまうのは、ほんの一言か二言すごく単純なことを言われて、それだけはしっかり覚えなくちゃいけないということかも。それが僕にはむずかしいのです。
たとえば、母に四つか五つしなくちゃいけないことが書かれたリストをもらいます。どれもすごく単純なことです。店に行ってアーモンドミルクを買ってきてとか、お皿を洗ってちょうだいとか、そういったこと。作業自体はどれもむずかしいことじゃない。リストにはいくつかのことしか書かれてないから、簡単に覚えられると思うでしょうけど、僕は覚えられない。僕の脳はとらえた情報を結びつける機能がないからだと思う。事実やアイデアや物体ならどこかにくっつけられるけど、とらえた情報を脳内に打ちつける釘みたいなものがないんです。なので、三つのうちふたつは覚えていて、僕の脳は、ああ、僕は母に言われたことを全部やったよ、と思うかもしれないけど、実際はそうじゃない。うまく言えないけど、そのうちのひとつが記憶から消えちゃって、全部やったわけじゃない。こういったことが頻繁にあります。

近所の食料雑貨店に行って、数日前に母に言われたものを買ってきたりするのですが、朝言われたアーモンドミルクまで頭がまわらない。道具を使い分けるみたいなこともうまくできない。何かをしていて、ここでは同じ道具を使い、そこでは違う道具を使って、時にはやり方も変えれば、もっと簡単にできるかもしれない。僕にはわからないけど、たぶん僕の脳は、一度その問題をこう解決するんだと判断すると、それがむずかしい解決方法だとしても、変更できないんだと思う。ほかの人たちは「ああ、それはうまいやり方じゃない。もっと簡単に処理しよう」と考えられるけど、僕は、よし、二十秒かければできるからこのやり方でいこう、と考えてしまう。母はそれを五秒でできちゃうかもしれない。どうして僕は母の方法でやろうとしなかったのかな?

たいていの人は多くの解決策の中から最善の策を考えます。でも、僕の脳は最初にこのやり方でいこうと思ったら、その方法でしか対応できません。特に道具を使い分けなくちゃいけない時はそうです。

普通じゃない順序でタスクを処理することもある。たとえばゴミを出すなら、まず家の中のゴミをゴミ箱に集めて、それから屋外のゴミ収集箱に入れるのが効率的だけど、僕は順番を逆にしてしまう。まずゴミ箱の中身を外に出してから、また家の中に入ってほかのゴミを集めて戻ってくるんです。そんなことしたら、家に入って、ゴミを集めて、またゴミ箱に戻って、を何度か繰り返すことになる。簡単なことなのに、何を先にするのがいいかわからない。そんなふうになんでもかんでも順番を考えずにタスクを処理してしまうのかも。

リリック　単純な作業と複雑な作業について話してもらえる？　ジョリーにはどっちが大変？

ジョリー　普通、多くの人たちは、単純な作業は特に大変じゃないけど、高度な能力が求められる仕事や、考えなくちゃいけない仕事はエネルギーを要するって考えるんじゃないかな。僕は逆です。単純な作業は本当に苦しいですけど、考えなくちゃいけない仕事はそんなに大変じゃない。

ひとつ例を挙げると、オックスフォード大学の修士論文執筆のために何人かに聞き取り調査をしたのですが、それをただ聞いて書き起こすのはそれまで経験したことのないくらい大変なことでした。どの人の話もすごくきれいに録音されています。でも、ただ書き起こすだけだったので、僕にはすごく大変でした。

調査をした人たちには、地図を何枚も見てもらいました。そして何を見たか、地図の上にはどんな数字や色が記されていて、どんなものが描かれていたかといった質問にも答えてもらいました。一時間十五分くらい話を聞かせてもらい、そのあいだ何枚も地図を見てもらいました。終わったあと、どうでしたかとたずねると、すごく疲れた、だって、何枚も地図を見て、いろんなことを考えなくちゃいけなかったから、と答える人が大半でした。

彼らの意見を総合すると、一時間以上地図を何枚も見てちょっとした統計図の問題みたいなものを解かされているようで、退屈に感じたみたいです。でも、もし僕が同じように地図を何枚も見てそこに記されたものについてたずねられたら、終わったあとに、「え、もう終わりなの？　もっと地図はないの」と言うと思います。何かを見て考える作業は僕には全然退屈じゃないから。

多くの定型発達者は、自閉症の人たちが単純な仕事をするのがむずかしいと見て取ると、自閉症の人たちには能力がないと思い込んでしまうと思う。定型発達者にはまず想像できないかもしれないけど、定型発達者が複雑な仕事はきついと思うのと同じくらい、僕は単純な仕事がほんとにきついと感じる。

これは僕の好き嫌いの話じゃないんです。単純な作業がもっと楽なら簡単な話でしょうが、僕にはそうじゃないんだ。

ジョリーは常識と目される言動に苦労していると言うが、ひとつには少なからず言葉の問題が影響していると思われる。単純な指示が彼には意味をなさず、結果として望ましい結果をもたらさないのはどうしてか、考えを聞かせてくれる。

ジョリー　僕がどうして常識とされるものの扱いに苦労するのか、ひとつには僕の脳はさまざまな方向に向いてしまい、変なふうに動いてしまうからです。いろんなシステムを考えるような複雑な作業には有益ですけど、何かをねじ込むような単純な作業では大変苦労することになる。

さまざまなアイデアを例に挙げて説明するのがわかりやすいかもしれない。中にはアイデアを現実のものだと思う人もいます。でも、僕はどんなアイデアも頭の中でばらまけるすごく小さなものだと感じるので、どれも現実であるとは受け止められない。僕はアイデアを一直線に考えるということもしません。多くの人は物事を非常に直線的にというか、ここにひとつアイデアがある、正反対のアイデアもある、両者は線でつながっている、というように考えているように思います。でも、どうして線なんだろう？[*23]

みんな自分の思考やアイデアを複雑にすることで、その思考やアイデアを直線的につなぐシステムも一層直線的になると考えてるんじゃないかな。自分たちの考えをよく考えて定義するだけでなく、同じように対極にあるものもよく考えて定義する。そして両者を結ぶ一次（線形）方程式にあてはめてみる。すると、複数の考えがおたがいに交差して、新たなアイデアを生むシステムを作り出す。

ところが僕はもう投げる方向がなくなるまで、自分の考えをあらゆる方向に向けて投げ出している。まるで考えの山をトラックで運び、それを次々に投げ出して、何が起こるか見ているようです。直線的に物を結びつける作業は単純で、迅速で、効率的になされるから、僕の精神はとても対応できないのです。

だから僕はどんな単純なことでも、直線的なひとつながりの指示をこなすことができないんです。事を直線的に、ひとつながりに処理しようとすると、皮肉なことに、余計なことを考えてしまう。だから普段はまず、いつまでにそれをしなければならないか割り出して、最初に何をするか、二番目に何をするか、考えをまとめてみます。でも母も同じことを言うと思うんですが、いろんなことがごっちゃになってしまううえに、何が大事かを反射的に決めてしまうという悪い癖があるので、僕は順番どおりに進めるのがあまりうまくない。僕の脳は気づかないうちに、入ってくる情報のいくつかを引き裂いてしまうのかも。たとえば母にこれをしてちょうだいと最初に言われたことと、最後に言われたことしか覚えてなくて、その間に言われたことは消えてしまっている。おそらく僕の思考はほとんど構築されてないから、構築された考えをあてはめるのは思うよりもむずかしいかもしれない。だから自分の考えもうまく説明できないのかも。説明する適当な言葉が見つからないのです。

リリック　学校、仕事、そして人生の重要な部分において、指示にしたがわなければならないことは少なくないと思う。それにどのように適応してきた？　あるいはしている？

ジョリー　今の僕を見て、僕は外の世界に適応している、学校にも仕事にもそのほかのものにも対応できているじゃないか、と思う人はいるかもしれません。でも、そんなことはありません。直線的につながる世界では僕の心は本来とは違う形に歪められてしまいます。

幸運だったのは、最初からホームスクーリングで、僕が適応できる教育が受けられたことです。ワードサーチ[*24]みたいなことが課題に出されても僕にはできませんでしたから（今もそうです）、母がすぐに別のものに差し替えてくれました。自分の好きなように学習させてもらえたので、あとになって僕の精神が対応できない学術的な研究環境にも対応できました。たとえば大学に入ってグループで科学の実験をするようになると、僕の微細運動能力には限界があってピペット[*25]で液体を移すことはできませんから、代わりに数学の計算だとか、何人かで事実を突きあわせる作業を請け負いました。僕が誰かの弱い部分を補えるかもしれないし、代わりに僕の弱い部分を誰かに補ってもらえるかもしれない。メモを取ることも覚えましたが、いつまでに何かをしなければならないと自分に強く課すことはありません。指示に対してさまざまな方法で対応できれば、物事をかなり円滑に進められるから。いつもいろんなやり方がある。大事なのは、前向きに経験を積みあげて、自分の強みを組み合わせる方法を探すこと。

自閉症について。特に自分の子供が自閉症と診断されたら？

ジョリーは自閉症の診断について、いつも積極的に話してくれた。わたしたちは感情や、この人はこうであると決めつけることや、反応といったものについて話し、ジョリーが多くの定型発達者は自分とまるで違う反応を示す（そして感情を持つ）ととらえていることがわかった。

リリック　自分の子供が自閉スペクトラム症と診断されたご両親に対して、どんなふうに声をかける？

ジョリー　すごく冷たいと思われてしまうかもしれませんが、必要以上に感情的に声をかけることはないと思います。感情を示してもどうにもならないと思うし、こうした場面もまさにそうだと思うのです。僕がわかっていることはご家族が聞きたいこととは違うはずです。だから誰かに面と向かって直接言うことはないと思います。

お子さんが自閉症と診断されたとしても、あらゆることを自然に受け止めてほしいです。ご家族に自閉症のことをもっと知ってほしいですし、自閉症のことを考える機会が増えてほしいです。自分の子供が自閉症だと知らされても悪いふうに考えてほしくないですし、特にその子のことを悪く思ってほしくないです。

将来どうなるのかまったくわからない、いい両親になるためにはどんなことを学ばなければならないかと考えると、落ち着かないし、どうしたものかと思ってしまう。こうした不安を持ってもいいんです。その中に、よし、自分も変わらなくちゃと思うような気持ちも混じっているからです。でも、その不安でたとえばその子に対する見方が変わるようなことがあれば、望ましくないです。よく考えて、感情を抑えて新しい状況に臨むのであれば、好ましい結果が望めます。でも、多くの場合、人の感情はそれほど複雑ではなく、深く考えずに表現されてしまう。「考える前に、つい口から出ちゃった」みたいなことを言う人たちもいます。こうした人たちは、感情をコントロールできないと思う。

でも、感情をコントロールできる人もいます。

仏教では、自分をコントロールすること、自我の脱却、解脱《げだつ》は、重要です。程度はいろいろですが、それができる人もいます。でも、単に自己を消去するということに関して、僕の考えは違います。誰かの反応に同意できなくても、受け止めることはできます。どんな反応も受け入れますけど、それが否定的であってはいけないというか、「わたしの子供は劣っています」という言い方をしては絶対いけません。「劣っている」という言葉がどんなことに対して向けられているにしろ、使ってほしくない。

それからこの人はこうであると決めつけてしまうのは、まだ起こっていない多くのことに対してもそういう意識を植えつけてしまうので、まったく好ましいことではありません。自閉症について怖いことしか聞いてなければ、自閉症は怖いことなんだと思い込んでしまいます。ほんとに自閉症が怖くなってしまうかもしれない。「将来そんなふうになってしまうのか」と思ってしまうかもしれない。その子は自閉症と診断された後も同じその子だし、全然変わってないんだから、状況を理解するのはむずかしいと思う。

自閉症があってもなくても、子供を育てるのはすごく大変なことだと僕もわかっています。今だってかなり大変ですから。子供を持つのはどういうことなのか、僕はまるでわかりません。子供は大好きです。まっすぐに質問してくれますし、大人が考えるよりずっと賢い。子供たちと何かするのは好きですし、子供の教育の問題にもすごく関心があります。子供の教育の問題は気軽に考えられるからではなく、非常に重要だからです。でも、どんな状況でも子供を育てることはすごくやりがいがあるって、僕もよくわかってます。

感情的反応

自閉症と診断されるとはどういうことか？　子供が自閉症と診断された親にどんな言葉をかけるか？　こうしたことについて聞かせてもらいながら、人はどんな時に感情的反応を示すか、ジョリーは積極的に話を広げてくれた。特に「人々が聞く必要があること」と、「聞きたいと思うこと」をジョリーは区別していると聞かされて、はっとさせられる。

ジョリー　ほんとはそう思ってなくても、人に前向きに答えてあげるのはすごく大事なことです。相手が聞く必要があることと、聞きたいと思っていることを区別するのは、僕にはすごく大変なことです。あらゆる感情がいろんな形で絡んでいるからですね。感情的な要素が入り込むから、聞く必要があることを言わないでおくのがいい時もある。

あることに感情的にとらわれている人にそれはこうではないかと批評的に言ったりすると、いつも否定的な反応を受けることになり、驚いてしまいます。なぜなら僕だったらもっといい方法があるよと教えてもらえば、それについて聞きたいと思うからです。次はもっとうまくできるかもしれないから。提案されたやり方がいいとは思えないなら、どうしてそのやり方がよくて、僕のやり方がよくないのか、提案してくれた人にたずねてみます。ちょっとがっかりすることはあるかもしれないけど、それ以上に僕が感情的に反応することはありません。感情的に反応してみようと時間をかけて努力してみるけど、やっぱり感情的になれない。

でも、多くの人に対して、どうフィードバックするか考えないといけない。上の立場にいる人たちは建設的に対応しなくちゃいけないけど、建設的に対応することが常にいちばん有効であるとは限らないから、僕はいよいよわからなくなる。感情を示すのが好ましくない、感情のせいで明確に判断できないという状況なら、感情を示さないという選択肢もあるけど、それじゃあ、やっぱりうまくいかない。

リリック　自閉症向けのセラピーを経験したと思うけど、それについて考えを聞かせてくれる?

ジョリー　自閉症のお子さんを持つご両親に、どんなセラピーを受けるべきかアドバイスするとしても、これは受けたほうがいいけど、これは受けないほうがいいといったことは言えないと思うんです。母もいろんなことを試しましたし、僕も楽しくはなかったけど、いま思うと効果的だったなと思うセラピーをいくつか受けました。でも、効果がなくて、うまく感応できなかったセラピーもある。何度か受けてみたけど、うまくできそうもないことは明らかだった。セラピーには、人によって効果的なものとそうでないものがあるんじゃないかな。今は保護者があらゆる情報を手に入れて、いくつか試してみることができると思う。家族が求めているものも見つかると思いますよ。

リリック　自閉症に関して、広く浸透してしまっている誤解とか、一般認識みたいなものはある?

ジョリー　よくある大きな誤解がふたつあります。自閉症は人によって違うということを多くの人は理解できません。おそらく知り合いの子供、もしくは知り合いの知り合いの子供が自閉症で、その子たちを見て、自閉症の人たちは重大な知的障がいを抱えていると思ってしまうようです。定型発達者の多くは、社会にいろんなレベルで貢献している自閉症の人がいることに気づいてないいんじゃないかな。自分の職場にも自閉症だけど正式にそうだと診断されていない人もいるかもしれないし、公表していない人もたくさんいると思う。自閉症の影響が人によってどう異なるのか、僕にはよくわからないし、理解もできません。僕がそもそも人々を理解できないことが大きいでしょうけど。すぐれた医療研究者は、どうして人によって自閉症の症状が異なるのか、いくつかの理由を突き止めるかもしれません。何年も自分で調べてみて気づいたのは、これまでいろんな状況で多くの自閉スペクトラム症の人に会いましたが、みんな僕と違う考え方をするということです。定型発達者がそれぞれ違う考え方をするように、僕らも物事をそれぞれ違う視点でとらえます。

自閉症に対してもうひとつよく目にする誤解は、自閉症の人たちは著しく社交性が劣っていて、おかしなことをする、会話を満足にこなせない、感情がコントロールできない、といったことです。ネットフリックスでテレビドラマ『ユニークライフ』[*26]が配信されていますが、主人公、十八歳の自閉症の少年が、恋をしたいと言い出すんです。自閉症の人のことがあんまりうまく描けてないと思いました。自閉症に対するステレオタイプな考え方があまりに強く打ち出されているからです。調査を重ねて主人公を描いたのかもしれませんが、調査をした人は自閉症の人はみんな同じだと思ったのでしょうね。役者もそんなイメージを誇張して演じただけです。実際の自閉症はそんなものではありません。

このドラマに描かれていることが僕にもいくつか見られるかもしれないけど、そんなにしょっちゅうあるわけじゃないし、そんなにはっきりわかるものでもない。母と一緒に、ひとつ大事なことが欠けてるね、と笑ってしまいました。こうしたドラマは決まって自閉症の人が誰かを好きになってアプローチする姿をひたすら描こうとするけど、自閉症の人は恋愛にあまり関心がないかもしれないということは最初に十分に検討しなかったのかも。

僕はどうかというと、何度か女の子とデートしたことはあるけど、特に同年代の人たちに比べると、恋愛はそれほど優先度が高くない。

『ユニークライフ』では、ひとりの人が頑張っている姿が描かれていたけれど、自閉症に対するステレオタイプなイメージが問題を引き起こしていました。主役の少年はこのイメージ通りに演じさせられただけで、普通の人がするようなことはさせてもらえなかったのかも。外見的な特徴だけに焦点を当てても、表面的なものしか描き出せないし、結局世の中の人たちには「自閉症の人はみんなこんなものだ」と思われてしまう。定型発達者との外面的な違いを寄せ集めただけでは、自閉症はとても理解できません。

うまく説明できないかもしれないですが、実は僕が自閉症について気づいていることがひとつあります。どういうことかというと、自閉症は深いレベルで一人ひとり大きく異なるということです。自閉症の人たちに広く見られる特徴もありますけど、症状も程度もさまざまで、環境によっても大きく異なります。非常に複雑ですから、こうだと決めることはできません。ひと言でまとめることができれば簡単ですが、自閉症はこうであるとひと言でまとめることはできないということです。

リリック　自閉症を克服したお手本のような人だとは言われたくないみたいですね？　ど

うして?

ジョリー　自閉症には幅みたいなものがあると思います。少なくとも僕の頭の中では、自閉症の人たちの症状はさまざまだし、定型発達者が自閉症から受ける印象もさまざま。よく「自閉症を克服したお手本のような人であることを、どう考えている?」みたいなことは聞かれます。ひとつ言えるのは、この「人がお手本と考える」というのは必ずしも好ましいことではありません。誰もが独自のものを備えているから、誰もがそれぞれのリーダーになれるのです。もうひとつ、自閉スペクトラム症は人によって異なるということです。定型発達者がみんな学業ですごい業績を残せるわけではないのと同じで、自閉症の人がみんな学業ですぐれた業績を残せるわけじゃない。これは決して否定的な言い方じゃないと思う。いろんなタイプの人がいて、周りに与える影響もさまざまだってことだから。それぞれがそれぞれのことに抜きん出ている。これもまた、人を一般化できない理由のひとつだと思います。

3　エネルギーと記憶

自閉症で消費されるエネルギーについて

ジョリーとエネルギーの問題をじっくり話しあった。特に精神的なエネルギーは重要な論点になった。日常わたしたちがよく口にする「疲れた、体がだるい」というよくあるエネルギー消耗の類《たぐい》の問題ではない。そうではなく、ジョリーは長距離トラックの運転手がガソリンメーター（燃料計）を常時確認しなければならないように、自分の脳にどれだけエネルギーが残されているか正確につかんでいるのだ。ジョリーが話してくれたことをもとに、人間のエネルギー消費に関する基本的事実を調べてみた。

人間の頭脳は体内のどの臓器よりもエネルギーを使う。体全体の消費エネルギー量の約二〇パーセントを使用するのだ。このうちの四分の三はニューロン（脳神経細胞）が信号を送るのに費やされるが、神経科学者たちは残り四分の一はおそらく細胞維持、すなわち細胞を健康的で機能的に保つ基本的な任務に使われると考えている。これは言ってみれば、頭の中で洗濯したり、皿を洗ったり、身だしなみを整えたりするのと同じことだ。わたしたちの大半は頭が動作するためにどれだけエネルギーを消費するかということをおそらく考えることはないが、ジョリーは毎日それについて考えているのだ。

エネルギーの消費量は、ジョリーの外部環境にも直接関連する。

ジョリー　自閉症は頭の隅によけておこうと常に心掛けていますし、そのために精神エネルギーをそちらに向けないといけません。精神の入口に「重要」という張り紙がつけられた巨大なスイッチが設置されていて、目を覚ました瞬間、そのスイッチが入って、脳内に大量のエネルギーがどっと流れ込む感じ。環境によって、求められるエネルギーも変わる。家にいれば、最小限のエネルギーで十分。でも、外にいる時は頭の中の精神のバランスを維持するエネルギー量が必要となるし、状況に応じてもっと求められる。自分でも常に気づいてるけど、僕のエネルギー供給量には限りがあるので、注意して使わないといけない。残されたエネルギーで、文章を整えたり、話すことを考えたり、授業で考えたり、町を歩いたりと、すべてしなければいけない。

むずかしい問題を考えるのは好きだし、たとえどんなにむずかしい問題でもたくさん処理できる。でも、できる限りたくさんという考え方は僕にはできない。ほとんどの人は精神の能力を一〇〇パーセント使うことができるから、問題なくできるでしょうけど。

それに、僕のエネルギー量は状況によって大きく変動する。部屋に三人いるくらいならそれほどエネルギーが消費されることはないけど、さらに人が入って来て、場がごちゃごちゃしてくると、もっとたくさんエネルギーを使わないといけないし、それによって脳内に保存したエネルギーも激減する。誘われてもカフェで哲学の話なんてできない。そこでそんなに精神エネルギーを使うことはできないから。本当に圧倒されてしまう状況もあって、そんな場所に放り込まれたら、そこから離れることを考えないといけない。この状況に耐えられるエネルギーは三十分しかもたないとわかると、その場を離れるか、シャットダウンするしかない。

すごくたくさんの人がいて、ひどくがやがや騒がしい場所で過ごすと、翌日は脳内エネルギーを思うように再充電できなくて、ちょっと不機嫌になってしまう。みんなはそんなことないでしょうけど。自分でいるために何が必要かとか、脳内エネルギーを再充電する必要があるかなんて、みんな考えなくていいと思う。でも、僕にとっては脳内のエネルギーは常に変動しているものだから。

独房や感覚がほとんど遮断されるようなすごく孤独な状況に置かれたことはないけど、そんなことされたって、僕には全然効かないというか、僕を苦しめることはできないと思う。代わりに僕はもっと脳内エネルギーをため込んで、もっといろんなことができるようになるでしょう。

リリック　静寂はジョリーにとってどんな意味がある？

ジョリー　静寂は音だけでなく、その時の状況としてとらえることができます。僕にとって静寂は、黙想というか、礼拝堂の早禱[*1]です。本当に静かですし、雑念にわずらわされることはない。たとえ何か音がしていても、それが静寂だと思う。朝の祈りを捧げているあいだ、僕の頭の中では何の音もしない。ちょっと怖いですね。

わたしたち定型発達者の多くは、内的独白をするというか、独り言を言うことがあるかもしれない。そうやって言葉を使って考えを整理して、言葉を通して自分の内面の考えを表現するのだ。だが、このプロセスがジョリーの脳内に起こることはない。

ジョリー　内面の考えを人に説明する必要がない限り、僕の脳内には思考とつながる言葉はありません。「木曜日は礼拝堂の手伝いをして、そのあとは晩餐会がある。遅れてはならない」といった「僕の言葉」は脳内に存在しないのです。

僕はデータポイント[*2]を使って作業します。データポイントには情報が含まれていて、小さなビーズのように見えます。この小さなビーズ一つひとつに、僕は「物」を埋め込む。本で読んだことだったり、教授や友達に聞いたことだったり、あらゆるものを詰め込む。僕が観察したものもそこに埋め込むかもしれない。どれもそもそも言葉で表現できない。ある段階ではそこに言葉があったかもしれないけど、みんなビーズの中に埋め込んで言葉を取り除いてしまう。ビーズはみんな同じで、僕もみんな同じように扱う。処理される知識は何であれ、みんなつかみ取って、ジョリーのフォーマットに変換する。

これが第一段階です。

次に何か回収したいと思えば、倉庫からトラック一台分のビーズを取り出します。僕の頭の中でビーズの位置はほんとにすぐに変わってしまう。ビーズをひとつずつつなぎあわせるかもしれないし、つなぎあわせないかもしれない。まったく何も考えずにつなぎあわせることもある。大概はビーズをあちこちに散らばらせ、どうなるか見てみる。というのは、ビーズそれ自体ははっきり見えるけど、一つひとつどうつながっているかよくわからないから。すべて飛びまわっているうちに一瞬でつながりあう。そのあいだに何か言葉が発せられることはない。言葉はいらない。言葉を使うと、ややこしくなる。

僕が持っている情報はスペースを取る。体積みたいなものがある。でも、僕にはAという文字が面積や容積を占めているとは思えない。言葉は人々が作り出したきまぐれな光の流れであり、きまぐれな物の形の集合体じゃないかな。でも僕はビーズから記号の違いを取ってしまった。文字Aも文字Bも文字Cも文字Dもない。言葉が持つ紛らわしい余計なものはいらないんです。スピードが奪われたり、足かせをつけられたりすることはない。あいまいなものは何も存在しない。

たぶんほかの人の脳には、タイプライターで文字がピン、ピンと打ち込まれるように流れ込んでくるのかもしれない。タイプライターはそのように設定されている。ほかの人たちはそれで問題ないし、困ることはない。でも、「ジョリー・スペース」というか、僕のビーズが占めるスペースには、文字が流れ込む場所が存在しないのです。だから対応できない。

リリック　そのジョリーのビーズはどうやって整理するの？

ジョリー　特に整理する必要はないと思います。僕のビーズは探していれば、たちまちどこからともなく飛んできます。僕はだらしなくて、いろんなものをあちこちに放り出しちゃうけど、なんでもほんとにすぐに見つけられるんです。でも、今は大学院にいるし、特にこの五年間はそうですけど、ほかの人が頭を積極的に動かして楽しく新しい情報を引き出すのと同じように、いろんなことを学んでいます。今は取り込まないといけない情報もたくさんあるから、前より時間がかかるかも。僕は何もかも丸ごと取り込まないといけないんです。エリアごとに整理できるわけじゃない。何かを考え出したら、脳が完全にスキャンしようとする。脳のほんとにすごく小さな部分が、ビーズを一つひとつ見て、これはいる、これはいらない、これはいる、これはいらないって決めていくんです。

エネルギーに直接関わるのは環境であり、周囲の状況だ。ある環境に置かれるとジョリーは極度に疲れてしまい、限られたエネルギーを消耗してしまうことになる。

わたしたちは幾度となく考えてみた。わたしたちが生きるこの世界を、ジョリーはどの

ように認識しているのか？　世界はどれだけ自閉症を「受け入れる」ようにはできていないか？　同時に、外部の環境と折り合いをつけてやっていくことが、ジョリーの能力を発揮する上で不可欠なことであるのも確認した。

ジョリー　周囲の状況に関して自閉症から学んだことがあるとすれば、その状況から逃げることはできないということです。鳥のように飛んで離れていくことはできない。ある程度はそれができるかもしれないけど、個人の状況から飛んで逃げていくことはできない。

ここイギリスはいつも暗くて、何日も日の光が射すことがないと、人々も気持ちが沈んでしまう。このように環境や状況は大きな影響を及ぼします。でも、地理学者は環境説[*3]をあまりに推《お》し進めるのは危険であると認識しています。それによって植民政策を進めた者たちは奴隷制や植民地主義を正当化しましたから。植民地の日差しが強すぎて当地の生産力が落ちてしまい、結果としてヨーロッパは植民地よりも産業化したというのです。これは植民地主義を言い逃れる方便にすぎません。

僕は少なくともほかの人より環境や状況に強く左右されます。僕の理想的な環境は僕自身であるわけだけど、その理想的な環境は外部に影響を受けない内的なものです。外に出ればどこに行っても人がいるから、自閉症の人たちが居心地のよい環境を見つけるのはむずかしい。なんだか非難しているように聞こえるかもしれないけど、ほかの人たちが悪いわけじゃない。ほかの人がしていることは関係ないから。

僕が精神エネルギーの消費を抑えられる時は滅多にないから、それができる時は僕にはいつもとっても大事な時間になります。家にいる時やよく知っている人たちと一緒の時は、精神エネルギーの消費を抑えようとする。サウスカロライナ大学には家から通っていたから、家にいる時は精神エネルギーをほとんど使わなくてすんだ。オックスフォード大学では、特に最初にここに来た時がそうだったけど、精神エネルギーがずっとたくさん必要だったから、すごく疲れた。

新しい環境や複雑な環境で生じる感覚的な重荷に、ジョリーの脳がいかに対応しようとしたか、その試みを示す逸話がひとつある。「ジョリーと見えない窓」だ。

ジョリー　たとえばオックスフォードで借りていたアパートの僕の部屋には、ベッドの近くの壁に窓がひとつありました。入居して九か月ほどして、母と話していて、僕の部屋には天窓があるだけだね、窓はないねと言ったら、母に言われました。

「何言ってるの？　ベッドのそばに窓があるじゃない」

「いや、窓なんてないよ」と僕は答えましたけど、ベッドの足側に窓がひとつあって、僕はそれがそこにあるって気づかなかったんです。

僕の意識がとらえたのは壁だけでした。家に母といて、環境に対応する脳の力が落ちていたんだと思います。そのアパートは自分の家のように感じているから、環境や周りの状況にそれほど注意しなくていいんです。今はかなり精神エネルギーに余裕があると思いたいけど、窓みたいな大きなものも見落としちゃうんだから、そうじゃないかも。

エネルギーの話につづけて、どんなことでジョリーの心は離れて内にこもり、すべてシャットダウンしてしまうのか、わたしたちは話し合う（ジョリーの答えは、端的に言えば、それをもたらすのは人であり、人に関連する環境だ、ということだ）。ここから話を広げて、最初にどうやって外の世界にかかわることができたのか、ジョリーは話してくれる。

ジョリー　強いストレスを感じる環境では、まず人の言葉と会話を遮断してしまいます。どうしてかと言えば、僕は言葉を通して考えないから。言葉によるコミュニケーションを閉じてしまうことで、精神と思考能力を守ることができる。僕が包囲されている城だとして、周りの壁がどんどん薄くなっているとすれば、濠《ほり》にかかる跳ね橋を上げてしまって、外部との通信を遮断してしまえば、僕を守ることができる。実際にはこんなふうにシャットダウンしなければならなくなったことは、これまでありません。僕は自分の人生で起こったことを記憶することができるから、今までそんなことは確かになかったと思う。でも、僕がかなりきびしい環境に置かれて、シャットダウンする必要が生じるとすれば、僕の精神はもはや正常に機能しなくなってしまい、完全な回復も望めない段階にあることがわかります。外部で起こっていることに対処できなくなっているだけでなく、僕の内側も損壊しているのかも。

面白いことですが、僕がシャットダウンしたいと思うことも、逆にすごく近づきたいと思うことも、どちらも人が関係しています。たとえば滝のような、ショッピングモールと同じくらいやかましい自然環境のそばにいても問題ないけど、もたらされる結果は全然違う。滝の近くでは気持ちがいいけど、ショッピングモールの中だと悲惨です。滝の近くもモールの中も同じくらいの音量レベルで、同じくらい強く感覚が刺激されるわけだから、おかしなことかもしれない。でも、両者には違いがあります。モールにはほかに人がいるし、人によって刺激がもたらされる。人がもたらす騒音は、ほかの生き物がもたらす音とは違う。僕はフェデラーという名の鳥を飼っていて、フェデラーがピーピーすごくやかましい声で鳴けば、多少は思考の妨げになる。でも、車や街の喧騒といった人間が立てる音ほどじゃない。同じようにモールで人間が動きまわる音も耐えられない。特に僕が知らない人が動いていたりすると、非常に苦しい。たいていの人は音を無意識に聞き流すことができるけど、僕はできない。意識してそうしようとしないと、できないんです。特にそこにいたいなら問題ないけど、やっぱりエネルギーは消耗する。僕はもう何年もそういうところには行けていません。

でも、自分の理想的な環境（コンフォートゾーン、18ページ、122ページ参照）から飛び出さないといけないと自分でもわかってます。確か十代の頃、僕が行きたいと思わない場所にもあえて行くように母に勧められました。そこでわかったのは、そこにいるためのツールがあれば、どこにでもいられるということです。
たとえば今は参加したい行事があれば、精神エネルギーをため込んで足を運ぶようにしています。映画や芝居を観るのが好きです。酒場みたいなところはきびしいです。お酒はまったく飲めませんし。そこに行く唯一の理由は、僕が知っている誰かが行くからです。母は僕がしないことをするのが好きだったりするので、意識して母と一緒に何かしようとしています。でも時々、母とはやれるけれど、大勢の人たちとはできないことを「代わりにこれをしない？」と提案することもあります。

記憶について――記憶を失うこと、記憶を構築すること

ジョリーは子供の頃のことをほとんど覚えていない。空白の中に存在していて、コミュニケーションをはかることができず、状況に対処できず、周りの世界が理解できなかった。その頃のことはほとんど覚えていない。ほんの一瞬のイメージと経験が、心に保存されているだけだ。

ジョリー　まず思い出すのは、僕が好きじゃなかったおもちゃの揺り木馬です。ケンタッキーかインディアナに住んでいた時、家にあったんじゃないかな。どうしてそのことを覚えてるのかわからないけど、時々その木馬が夢に出てきて、ちょっと怖い思いをした。
インディアナで庭で遊んでいて雪に埋もれてしまったことも覚えています。すごい雪だ

った。当時住んでた家は道の突き当たりにあった。兄たちは雪で滑り台を作った。その滑り台を滑っていたのか、それとも雪の中を歩いていたのか覚えてないけど、僕は転んでしまった。雪に深く沈み込んで、何も見えず、どこにいるかわからず、すごく怖かった。

インディアナではほかにもいくつか覚えていることがあるけど、記憶はまだらです。テレビで『バーニー』[*4]を見たこともおぼろげに覚えてるし、当時の母がどんなふうだったかもなんとなく覚えている。妹が家具の角にぶつかっちゃったことも覚えてるけど、それはインディアナだったか、サウスカロライナに移ってからだったか、はっきりしない。はっきりこうだったと覚えてることはほとんどない。寒い日だった、雪が降っていたとかいうことだけで、どれくらい寒かったか思い出せないんです。記憶はバラバラで、誰かを覚えていることはなく、ただ物や出来事や状況のイメージが断片的に頭に残っているだけ。

サウスカロライナに引っ越したことも記憶にあります。特に覚えているのは、引っ越しが終わって、サウスカロライナの家のリビングは床が板張りの大きな部屋だったけど、がらんとしていて何もなかったこと。僕は『ブルーズ・クルーズ』[*5]の毛布を手にしていた。引っ越してきたその日に友達のジェームズも確かそこにいたけど、ジェームズと何か話したかどうかは覚えていない。

僕がほとんど思い出すことができないのは、言葉の問題でも、コミュニケーション能力が欠如しているからでもなく、僕が当時、内にこもっていたからです。内にこもってばかりいれば、外で起こっていることが観察できないから、何も記憶できない。僕が揺り木馬を覚えてるのは、部屋にそれしかなかったから。揺り木馬みたいなものをやたら細かいところまで覚えていても仕方ないけど、僕が内にこもっていた時にごくわずかに観察できたものはそれぐらいしかなかったから、イメージが鮮明に焼き付いたんだと思う。

リリック　いつ頃から殻を破れるようになった？　何があったの？

ジョリー　話を聞く限り、僕はうまく人とコミュニケーションをはかることができなかったみたい。周りの環境や状況に対応できず、すごく感情的に反応したようです。たびたび癇癪《かんしゃく》を起こし、何度も大きな声を上げました。周りにうまく順応できなかったのです。自分をうまく表現できなかったからだけど、そもそもその時の僕は完全には僕じゃなかったから、僕じゃない人のことなんて表現できない。それは今の僕じゃないんだから、「コミュニケーションがはかれない」なんて言っても意味がない。その後、少し自分というものが強く出た時期がありました。まだ内にこもってたけど、どうにか出てこられるようになったかも。

七歳か八歳、それより上の年齢の時の記憶もはっきりしません。その頃は徐々に自分をコントロールできるようになって、自閉症とのバランスが取れるようになっていた時期だと思う。それでもそのバランスはまだ十分に取ることができなくて、周りの環境に過剰に反応してしまうこともありました。形だけでも常時コントロールできるようになるには十五歳から十七歳くらいまでかかりました。

リリック　ジョリーが我慢できる環境、我慢できなくて逃げ出したくなる環境はどんなものだった？

ジョリー　サウスカロライナに移ってから、母とほぼ毎晩、テレビでニュースをチェックして、『ホイール・オブ・フォーチュン』[*6]と『ジェパディ！』[*7]を観ていました。『ホイール・オブ・フォーチュン』と『ジェパディ！』のどちらのクイズ番組もすごく面白いです。いつだって母と過ごすのが好きでしたけど、母と一緒にいる時は典型的な自閉症の少年だったと思います。母から一歩も離れたくありませんでした。もし母がいなくなると、おかしくなってしまったと思います。はっきり思い出せませんけど、たとえば母が買い物に行ってしまうだけで、僕はおかしくなっちゃうって、ほかの人にも言われたこともあります。

二年生になって母とホームスクーリングで学習することになる前に、学校に行っていた時のことはほとんど思い出せません。バスで学校に行ったことは覚えてるけど、家を出て母と離れなければいけないから、すごく嫌でした。通りに近い部屋で椅子に座って窓からバスが来るのを母と見ていたけど、そのあいだずっとこわくて仕方なかった。でも、それ以外に学校のことはほとんど覚えてない。学校で何をしたかも思い出せない。

僕は自分について限られたことは覚えています。でも、自分でも面白いなと思うんですけど、この部分は僕自身が覚えていること、あの部分は家族から聞いたことだって、はっきり自信を持って言えないんです。

ひとつ例を挙げると、僕は母とずっと一緒でしたから、母が出かけるといつも大変なことになってしまった。兄のタイラーとか、僕がほんとに好きで信頼している人が一緒にいてくれてもだめだった。その時どんなふうに感じたか、僕は覚えている。でも、母がいなくなってしまった時の自分の様子について、ほかの人に聞かされることもある。そんなふうにどこまでが自分が覚えている僕の反応で、どこからが誰かに聞いた僕の反応か、いつもはっきりしないんです。

わずかな記憶と人に教えてもらったことを総合してわかるのは、以前は母がいなくなるともう大変で、玄関の近くに立って、母が戻ってくるまで何もしようとしなかった、でも母がいなくなるとやっぱり大騒ぎするけど、そのうちタイラーとなら一緒にいられるようになったし、母が帰ってくるとすごくうれしくなるというところまで変わることができた。次第にいつのまにか母がちょっと出かけても大丈夫になったし、母がいつ出かけていつ戻って来ても平気でいられるようになりました。

どんな感じだったか、まるで思い出せないんです。状況が何かおかしいと感じたことは覚えてる。安定した環境がぐらつき出して、母が戻ってくるまでずっと不安定な状況がつづく。家という環境からなくなるものに対して過剰に敏感になっていたのかもしれない。母はその環境の柱みたいな存在でした。そんな母がいなくなれば、大変なことになります。母がいないと困ってしまう、僕が母から離れられないということだけじゃなくて、母がいないと家という環境が正常な状態でなくなってしまうんです。母がいつ戻ってくるかは問題じゃなくて、母がいないと家の真ん中が抜き取られてしまったようだったし、その部分は何をもってしても埋めることができないと思った。だから家の真ん中を担う母が戻ってくるまで、玄関をずっと見つめてるしかなかったんです。

家族のお気に入りの話に、僕は車に乗っていて窓から日差しが当たるといつも癇癪を起こした、というのがあります。ある時、家族でインディアナから確かフロリダに車で移動していました。みんな車の窓にサンシェードをかけて日差しが入ってこないようにしてくれた。でも、隙間からどうしても光が入ってきちゃうから、僕はたちまち大声で泣き出したそうです。楽しいドライブじゃなかったけど、戻ることはできないから、そのまま目的地に向かって車を走らせたみたい。

僕はその話をまったく何も覚えていません。家族は外で食事をするとよくこの話をするんだけど、僕が覚えていることとまるで違う。僕は車で出かける時は大体十五分くらい前に車に乗っていたし、日差しが射していても大丈夫だったと思う。面白いですよね、ああそれ僕だ、だけど覚えてないや、というわけだから。僕にとっては明らかにいい思い出じゃないから、覚えてなくてうれしいですけど。

もうひとつ、ショッピングモールが大嫌いでした。そこに行くと、必ず癇癪を起してしまいました。僕にはモールはまったく楽しい場所じゃなかったし、対処しなくちゃいけないこともたくさんあった。新学期の服を買おうと、母と妹のローレンと一緒にショッピングモールに行ったことをぼんやりと覚えています。どこに行っても人がたくさんいて、僕はそれまでなかったくらい大変なことになってしまった。母が何か話しかけようとしたかもしれませんが、僕は聞き取ることができなかった。

でも、誰かに聞かれでもしない限り、子供の頃の僕と今の僕の比較には関心ないです。そんなことをしても、これまでの生活で僕がどれだけ進歩したかとか、自閉症であることがどれだけ僕を変えたかといったことについて考えることにはならないと思うから。それは僕が考えなくていいことだと思う。

リリック　何があって、記憶を加工し、保存できるようになったと思う？

ジョリー　十一歳から十二歳になると、具体的なことを記憶するようになりました。その前のことは何度も体験したことや、あの揺り木馬のようなごく特別なことがぼんやり頭に残っているだけですが、それ以降の記憶は全然違います。繰り返し行った決まりごとをはっきり覚えています。鮮明に記憶されました。何のストレスもない、新たに刺激を受けることもない環境で、毎日同じことをできたのがよかったのかも。

ホームスクーリングはキッチン脇のいつも朝食を取る部屋で始まりました。毎日まったく同じように学習しました。同じテーブルの同じ席に着いて、本はどれも前の日に読み終えたところから読み始める。ほんとに同じことを毎日毎日つづけました。それがよかったんです。何もかもバランスが取れていました。

窓の下に鳥の餌箱がありました。ホームスクーリングが始まる前には、野鳥が寄ってきていないか見てみました。鳥が何羽いるか、数えてみました。ホームスクールの普段の時間割も覚えています。一限はフォニックス*8の授業で、二限は数学。どちらも嫌いでした。でも、順番通りに進めるのは好きだったし、ちょっと休みを入れて鳥を見るのも好きでした。ジェームズと二階の広い部屋でビデオゲームをしたり、家の周りでキックスケーターに乗ったりして遊んだことも覚えています。記憶ははっきりしなくて、あの時ジェームズは確かにこんなふうに見えていたというような、繰り返しあったことしか覚えていませんけど。そのあとティーンエイジャーの仲間入りをして、多かれ少なかれいくつかのことを次から次へと経験しました。大学で何をしたか聞かれたら、大したことじゃないなら思い出すきっかけが必要かもしれないけど、多分くわしく思い出せると思う。ホームスクーリングを受けていた時とはそこが違います。ホームスクーリングを受けていた時は同じことをずっと経験しているだけで、特別なことはまず起こらなかった。

たとえば、もっと幼かった頃は、電車のレールセットのおもちゃを持っていて、それで線路みたいなのを組み立てていたらしいんです。小さなブロックを一つひとつきっちり組み立てていて、誰かにひとつでも動かされると、すごく怒ったみたい。そのことを家族はみんな覚えてるけど、僕は覚えてないんです。その電車のレールセットのおもちゃがどんなものだったかもまったく覚えてません。レールを動かされて怒ったことも覚えてない。いつも同じところでそのおもちゃで遊んでたから、それがどの部屋だったかも思い出せない。僕の脳には大きな穴が空いてるみたい。僕の記憶はいつもそんな感じです。

時々、子供の頃のことが話題にのぼります。誰かに「これ知らないの？」ってたずねられます。それは子供の韻踏みゲーム[*9]のフレーズのひとつで、そのフレーズは僕以外の誰もが知っているんです。

僕は「知らないよ」と答えるしかありません。僕は「パタケーキ[*10]」みたいな手遊びも知らないです。

子供時代は誰にとっても重要ですし、その頃の思い出は誰にとっても大体いいものです。でも、僕の脳には大きな穴が空いているから、子供の時のこともいいものとして思い出すことができないんです。

野鳥とビデオゲーム

リリック　野鳥とビデオゲームの関係は？

ジョリー　ビデオゲームは誰かが作り上げた世界で、そこにみんな、自分から参加するものだと思います。次に何が起こるかわからないので、自由な感覚も楽しめます。野鳥はもっと予想がつきません。同じ世界にいるけど独立した存在で、まったく思いがけないことをする。野鳥を見ていると、自分も彼らの世界に参加しているような気がしてきます。野鳥がぴくっと首を動かすと、「餌を探しているのだろうか、それともどこかの木にとまっている友達を探しているんだろうか、あるいは敵を警戒しているのだろうか？」とあれこれ考えたりします。野鳥の自由な感覚、どこかに飛んでいけるという感覚に触れることができるんです。野鳥たちがどんな物語を作り上げていて、お互いにどんな関係を築いているか？　野鳥と距離を置いて観察しながら、そんなことも思いめぐらしてみることができます。

ビデオゲームと似ているんじゃないでしょうか。ビデオゲームでひとつの世界とつながることができる。野鳥の世界より明確に作られているけど、ひとつの世界に触れあうことができる。ビデオゲームの物語の何が好きかによりますが、参加する人を驚かせて、未知の場所に連れて行ってくれる。ビデオゲームも野鳥の世界も見る者を視覚的に引きつけます。ビデオゲームのクリエーターたちは、思うがままに現実とも魔法の世界とも区別がつかない神秘的世界を作り上げようとする。野鳥たちも同じくらい視覚的に魅力がある。くすんだとび色の鳥だって、進化論の視点で言えば、目立たない色をしているからこそ強い動物に食べられずにすんでいるわけで、視覚的な魅力があるし、興味が引かれる。はっきりしない色が何重にも重ねられているだけだとしても、美しさは常に存在するんです。

4　感情の隔たり

感情について

自閉症についてのステレオタイプな思い込みのひとつに、自閉スペクトラム症の人は感情がないということがある。だが、興味深いことに、人間の感情に対する科学的認識は大きな変革期を迎えている。

新しい神経科学の研究の主流の考え方は、こういうものだ。感情は人間にもともと備わっているものではない。つまりわたしたちの共通の素質として組み込まれているものではないのだ。肉体的、精神的、文化的な経験を通して、受け手の脳内に個別に形成されるものだ。個人の感情は誰もが同じということはなく、周囲の影響を受けて形成され、少しずつ異なる。

心理学者で神経科学研究者のリサ・フェルドマン・バレット[*1]は、脳が感情を生み出す上で、予測が重要な役割を果たすとする。予測によって情報を受け入れる際に似たものか違うものか判断され、うれしいとか悲しいといった感情が形成されるのだ。

ジョリーが感情をいかに扱い、いかに理解するかは、彼独特のことで、単純に定義するのはむずかしい。たとえば、ジョリーは「気持ちが傷つく」ことも、精神的な痛みを感じることもないようだ。多くの人が集まって感情をむき出しにすると、気持ちが落ち着かなくなるという。お酒を飲んでいる人が周りにいてもそうだ。みんな酒を飲むと、言葉遣いや性格が変わって、飲んでいない時とは違った信号を発するからだ。

ジョリーとは感情の多面性や微妙な違いについてすでに何度も議論を重ねてきたが、その言葉の中でも、ひとつ注目すべきものがある。

「感情は僕からずっと離れたところで起こってるみたいに感じる」

これはジョリーの感情が欠落しているのではなく、ジョリー独自の感情の表現方法がある、ということだ。

ジョリー　他人の精神に入って考えてみることはできないけど、わかる範囲で言えば、僕の感情は他の人の感情と同じか、少なくとも似ていると確かに思う。多分、反応の現れ方が違うんだと思う。僕が感情を動かされることは少ない。いろんな感情に気づかないということじゃなくて、どうしてそんなふうに感じるのかとか、何のためにその感情を持つのかといったことは、どれも基本的に無視することができるんです。前向きな感情であればある程度気づくかもしれないけど、みんなと同じように完全に受け止めることはないと思う。なんとなく悲しいとかなんとなくうれしいといった感情が、僕にはないです。ほんとにそうであるか、そうでないか、そのどちらか。どちらかに目いっぱい感情が傾くことになる。

感情につながっているものは何だろうかとすべて考えてみないといけない。知覚の経験みたいなものがあって、その経験を加工処理するには、大規模な分析をすばやく行う必要がある。僕が感情的に反応する時は常に、何がそれを引き起こしたのか、明確に説明できる感覚がある。感情が湧き起こるだけではいけないんです。多くの人たちは化学反応みたいに、これが自動的に起こるのかもしれない。でも、ぼくはこの一連のプロセスが起こる前に、ほかにしなくちゃいけないことがある。

それから、僕は大体感情にこだわりません。悲しさ、うれしさ、動揺、楽しさ、そういった感情がどういうものかは理解していますし、以前は感じていました。でも、そうした感情が長くつづくことはないですし、どういうことかと考えることもありません。

僕の精神は人とは違う場所から感情をとらえようとしているのかもしれません。必ずしも感情を上から見おろしているわけではないけど、おそらく脇に押しやっています。感情は僕からずっと離れたところで起こってるみたいに感じる。何もしなければ、それがどんな感情であれ、ただ僕を通りすぎて、消えていく。

こんな感じかな？　どこかを歩いてる、まっすぐに歩いてる、目の隅に誰かが何か言っているのが見えるけど、こっちに話しかけているのかはっきりしない。でも、やっぱり自分に向かって話しかけているんだ。場合によっては、無視して歩きつづけることもできるし、そちらに顔を向けて確認することもできる。横目でそれが何か確認することもできる。視界にいろんなものを認識しているなら、隅にあるものは無視することもできるし、ちらっと見てみることもできる。でも、そのあとまたまっすぐ前に目を向けてしまう。

感情はそれほど重要じゃないってわけじゃないけど、すぐに支配されちゃうことはない。すごく強い感情のシミが隅にいくつか固まったとしても、全体を埋め尽くしてしまうほどじゃない。


ジョリーは会話の中で、相手の表情や身振りをうまく読み取れない。それと同じで、人の感情がどんなふうに表現されるにしろ、それを感じ取って理解することもむずかしいようだ。

だが、感情を理解しようとすることで、群衆はいかにして同じ感情を共有するかという実に興味深い観察をジョリーは試みることになった。どのようにして多くの人が「同じ感情に至る」ことになるのか、その過程に何があるのか、ジョリーは強い関心を持っている。たとえばたくさん人が集まると、どうしてみんな怒りの感情に駆られるのか？　それは意識的なのか？　それとも無意識というか、本能的に、何も考えることなく憤怒の感情を共有するのか？

ジョリー　僕は人の反応に気づいたり読み取ったりするのがうまくありません。いくつかすぐに感じ取れる感情はあるけど、大体それはネガティブな感情です。傷ついたり、怒ったり、こわがったりすれば、みんなすぐに行動に出ます。それ以外の感情はあまりはっきりしていなくて、反応がすごく遅くなる。

たくさん人が集まると、すぐに全員が同じことを感じるようになる。何か変な感じ。何かが変わった、みんなそれまで怒ってなかったのに、今は怒ってる、みたいに感じるから。僕は全然怒ってないのに、今みんなは怒ってる。だからすごく変な感じ。十秒前と今のあいだに何があった？　僕はそのあいだに起こったことを見落としたのかもしれない。この人だかりの向こうのほうで何かが起こったのかもしれないけど、とにかく今はみんな怒っている。人がいっぱい集まっているからです。どうしてそうなるのか、すごく興味を引かれます。

ある時オックスフォードで大きなデモに参加したことがあります。何が「起こっている」のか見てみたくて、参加したんです。そこにはデモに賛成する人も反対する人もいた。でもなんだかおかしいと思ったのは、どっちの側の人たちも対立してるのに同じ気持ちというか、同じことを感じているように思えたのです。そんなふうにみんなつながっていた。怖かったし、なんだか変だった。

リリック　どんなふうに変だった？

ジョリー　その気持ちはどこから出てきたの？　いつ発生したの？　誰かひとりの人が最初にその感情に駆られた？　みんな同時に感情的になるってみんな知ってるのかな？　みんな意識的にそれを受け入れた？　みんな「僕は怒りたいんだ、だからこれから怒る」みたいな感じ？　それとも無意識に怒りの気持ちを持った？　怒りをあおるような人がいた？　状況がよくわかっていたら、怒らずにすんだ？

こんなふうに、群衆と距離を置くことができるかという問題は、よくわからないけど、とても興味を引かれます。

介助犬のデイジーが危ない目に遭ってしまうかもしれないから、デモ隊の中には長くいられませんでした。デイジーが押しつぶされそうになったんです。デモ隊に参加した人がすごく怒り出して、デイジーの足が踏みつぶされそうになったけど、そこで一瞬の間があった。その人たちは足を止めて、こう言ってくれたんです。

「ああ、ごめんなさい」

そこでみんなの怒りが解けたようでした。ところがまた怒り出した。極端でした。みんなの目に怒りの炎がメラメラと燃え上がっていました。こんなふうに感情に駆られたかと思うと、一瞬抑えることもできる。ものすごく変だと思う。集団から離れてみたり、状況をコントロールしたりする能力が低下しているんじゃないかな。デモにいくつか参加して、状況大体どこに行っても民主主義のいいところをいろんな形で見せてもらったけど、あの時はすごくこわかった。デモに参加するのは市民活動にかかわる上で有益だとは思うけど。

リリック　今話してくれたような行為で、いちばん当惑してしまうことは何かしら？

ジョリー　よくわからないのは、そうした行為を統制する一連の規則があるかもしれないことです。あるいはみんなそういったものが空中に浮かんでいるのが読み取れるのかな？

すごくピリピリしている時は、僕も感じる。そんなピリピリした感じは好きじゃない。群衆が統制されて動き出す時も好きじゃない。みんな自分を見失ってしまってるみたい。でも、みんなはそのあと戻ってこられる。ずっと我を忘れているわけじゃない。でも、僕がそこに参加できないからかもしれないけど、僕にはみんな我を忘れているように思える。僕は群衆の中には入れるけど、そんなふうにみんなと同じ気持ちになれない。そうしたくもない。

周りで人がお酒を飲んでいる時も、同じように気持ちが落ち着きません。お酒を飲むとみんな言動が変わるし、なんか違う信号を発する。そんな信号の変化にうまくついていけない。群衆の感情に触れたとたん、それまで違う信号を発していた人たちも、一瞬のうちに周りとまったく同じ信号を出し始める。それにすごくびっくりしちゃう。同じようにひとりの人がちょっとお酒を飲むと、すごく酔っぱらってるわけじゃないのに、違う信号を出し始める。それですごく落ち着かなくなる。

ジョリーはいわゆる定型発達者の「心の痛み」というものは感じない。自分に対して辛辣《しんらつ》で身を切られるような言い方をされたらどうなるか、それでどんな反応を示すか、話してくれる。

ジョリー　何が僕のような自閉症の人たちを苦しめるかと言えば、人がたくさんいることや、音や光みたいな刺激です。でも、僕の気持ちを傷つけたり気分を悪くしたりするようなことを言って、僕を苦しめようとしても、全然こたえないんじゃないかな。そんな言葉に痛みを感じて、それを無視したり、脇にやったり、踏みつぶしたりするからじゃない。そうした痛みは最初から感じないから。

オックスフォードのある授業で、省エネルギーについてディスカッションしました。僕は医療器具を使っているし、それらがどれだけエネルギーを消費するかに強い関心があるから、エネルギー税は一律にすべきだと発言しました。すると、ひとりの学生が明らかに僕の考えは取るに足らないみたいなことを言ったようです。次の週、みんな「ねえ、大丈夫？」みたいなことを言ってくれたけど、何のことかわからなかった。その学生の言ったことが問題であると僕は認識しなかったんです。

サウスカロライナ大学にいた時、動物保護に関心があるらしい男性が近づいてきて、介助犬は動物への残虐行為の一形態と見なされるから、僕の介助犬は奴隷のように使われるべきではないと言いました。かなり強い口調で、僕の介助犬デイジーはここにいたくないはずだ、家に置いてきたほうがずっとうれしいだろうと言い出したのです。僕はその人と話をしようとしましたが、その人はなぜか急いでその場から離れていきました。人と話すことには興味がなかったようです。僕は「いや、それは間違っています。デイジーはここに僕といたいのです。もし家に置いてきてしまえば、すごく悲しみます」と言おうとしたんですけど。

周りにたくさん人がいたと思うけど、みんなその男性の言葉をおそろしく思ったんじゃないかな。僕は教室に向かって歩いていただけだけど、みんな僕がすごいショックを受けて、逃げ出そうとしていると思ったようです。でも、僕はショックも受けなかったし、逃げ出そうとも思わなかった。僕の頭に浮かんだのは、「ああ、なんて失礼な言い草だろう」ってことだけでした。

侮辱されたりひどいことを言われたりしても、僕はまったく反応しなかったと思う。何の効果もないから。僕がそれを重要だと思わなかったからじゃない。それが僕にとって重要じゃなかったんです。

もしデイジーについて今そんなことを言われたら、たぶんこう答えるんじゃないかな。「障がいのある人に対してそんな言い方は許されません。僕は構わないけど、僕以外の介助犬を連れている人に対してそんなことを言うべきじゃない。そんな言い方をされたら、その人たちはその週ずっと悲しい思いをしなくちゃいけないから」

特に声の感じと言い方に注意したいですね。あとになってほかの人たちと話してみて、その大切さがわかりました。僕には影響ないかもしれませんけど、ほかの人たちは心がくじかれてしまうかもしれないから。

僕は心がくじかれるようなことはまずありませんし、これからもないでしょう。なんだかすごく冷たい言い方に聞こえるかもしれないけど、こんなことがあって、僕には読み取れない感情的なものが、ほかの人にはとても重要なんだと気づきました。

時々友達に言われることがあります。

「こんなことになっちゃってごめんね。気分を害した？」

それに対して僕はこんなふうに言うみたい。

「一体何のこと？」

本当に何のことかわからない。「どうして僕を慰めてくれるの」って思ってしまう。もうひとつ、みんなは慰めることと、悪い状況への対応を混同しているんじゃないかな。ただ感情的に反応して、やさしく抱きしめるようなことをすれば状況を改善できると考えてるのかも。僕にはよくわからない。感情的な反応が示されて、抱きしめられる。そんなことをしてもらっても、僕には何の助けにもならない。感情的に反応して、抱きしめられても、どうしたらいいかわからない。

リリック　あらゆる感情を否定的にとらえている？　それとも肯定的に見てる？

ジョリー　感情にほとんど振りまわされることがなくていいと思えることもあります。感情で傷つくようなことがあったら、僕の人生はひどいものになっちゃうと思う。悪口を言われたり、感情的に対立しあったりすることで、今までなかったおそろしい次元に至ってしまうと思う。僕はそんなことは何もせずに、ただ見てればいい。

こんなふうに考えたことがある人はいないのかな。

「スーパーの食料品売り場で試食するように、あらゆる感情を試してみることができたら、いいんじゃないかな？」

感情によってとてもいいことも起こるのは僕もわかっています。僕はそれをほかの人と同じように感じることはない。でも、ほかの人には悪いことも起こるけど、それを同じように経験しなくてすむ。

リリック　あなたの感情表現について話してもらえる？

ジョリー　僕はほかの人のように感情を表すことがないとよく言われます。みんなの前で話さなければならない時は、ほかの人と同じように緊張します。でも、僕が緊張しているとはみんなにはわからなくて、すごく落ち着いていると思われてるみたい。ローズ奨学金[*2]の面接の準備を進めている時に、トルーマン財団の理事に電話しました。この人はトルーマン奨学金[*3]に応募した際に面接官を務めてくれました。トルーマン奨学金の面接はそれまでの人生でいちばん神経をすり減らしました。インタビュー中、ずっとひどい顔をしてたと思う。それでこの理事に、ローズ奨学金の面接で、できるだけ緊張しないようにするにはどうしたらいいでしょうか、と電話でたずねました。そしたらなんて答えてくれたと思います？

きみは異常なほど冷静に落ち着いて話していたよと言ってくれたんです。それを聞いて、わかりました。わあ、みんな僕が本当に感じていることがわからないから、僕が人前で落ち着いて立派に話していると思ってくれるんだって。面白いですよね。感情がほとんど出ないから、きっとそれがいいんです。僕は人とコミュニケーションがうまく取れないし、相手の感情もうまく読めないから、逆にそれでちょっといいこともあるんです。

緊張もするし、不満を感じることもあるけど、感情が伴うことはまずないです。僕の場合、何か間違っていると知覚するけど、それをどう修正したらいいかわからない。間違っていると誰も気づかないこともある。こうすれば間違いを正せると仮定したりしても、心地よくなることはない。とにかく何が起こっているのか、どうすればいいのか、みんなに聞いてまわって、解決策をはかるしかない。

でも、誰か話せる人がいるのはありがたいです。自分の不満を聞いてもらえますから。母にはいつも話を聞いてもらっています。ほかの人にも聞いてもらおうとしています。そう考えると、僕は自分が考えていることや心配していることについて、人と話すことを楽しんでいるのかも。

その人は誰でどこから来ているかというアイデンティティの問題は常に認識しようとしていますし、同時にそれについては何も話さないようにしています。こうした情報にどう対処したらいいかわからないから。それに、僕がそれについて何か言うのはちょっとおかしいかも。だって、僕は自閉症だし、ほかにも障がいがあるから、自分たちには安全な場所が必要だと思うマイノリティの人たちと少し似ている。どうしてかと言えば、人間が作り出す空間に、僕が安全だと思える場所が永遠に見出せないからかも。

でも、これは非常に複雑で、微妙なことだから、誤解を招いてしまうかもしれない。だから、僕は信頼できる人とふたりきりで話すようなことがないかぎり、この話は持ち出さない。僕は決して誰かを傷つけようとしているわけじゃない、とわかってもらえる人にしか話さない。

リリック　あなたの不満について話してもらえるかしら。何に不満を感じる?

ジョリー　もう二年以上、気候変動についてさまざまな角度から研究し、いろんなことを学んでいます。気候変動について僕はますます考察を深めているけど、この問題について研究を進めれば進めるほど、不満が溜まってしまいます。問題のある考え方が広まっていると思うんです。でも、自閉症の立場から、それをよい方向に向けられると思う。

たとえば、川沿いに小さな町があると考えてみてください。そこに誰かがやってきて工場を建てる。その人たちはとても友好的に見えるけれど、工場が建って何年かすると、廃棄物で川の水がオレンジ色になる。魚はみんな死んでしまい、川の水を飲んだ人たちの体に異変が起こる。そこで工場を建てた人たちは操業を見直したり、川をきれいにするためにお金を出したりするけど、違うタイプの工場に建てかえるのであれば問題ないという意見が大半を占めるかもしれない。でも、いちばんのポイントは、誰もがこの川の汚染は望ましくないと思っていることです。気候変動もまったく同じじゃないでしょうか。規模が大きく、問題が複雑なだけです。

どうして気候変動を、地元のおそろしい汚染問題と同じように考えられないのでしょうか？　川のことはひとまず措《お》いて、地球のことを話し始めると、どうして違う論理をあてはめてしまうのでしょう？　思考過程にエラーが生じているのかも。感情やうまい言い方を優先することで、論理的に考えられなくなっているのかもしれません。あるいは直線的に考えるので[*4]、自分たちの思考のビーズを正しく組み立てられないのかも。

不満を感じてしまうのは、僕の考え方が違う意味で受けとめられてしまうこと。問題を誰もが客観的に観察できるのに、そもそもどうして（どんな違いであれ）考え方に違いが生じるのか？　廃棄物を川に廃棄することに対する反応は、感情や政治やお金といった、僕にはまったく客観的なデータポイント[*5]とは思えない、むしろデータを破壊すると思われるものによって、勝手に変わったりしませんよね。

ジョリー　個人的には、サウスカロライナ大学にいた時より、イングランドにいるほうが少しだけ不満を感じることが多いかも。ただ、それは大抵、ほかの人は不満を感じないことに、僕が強く不満を感じてしまうからです。すごく不満が募ると、イライラする。オックスフォードでは、よく誰かがグループの前で話をするのですが、その話し方にびっくりしてしまいます。僕らがこれからの政治やビジネスを背負って立つんだみたいなことを言うのです。そんな将来の仮説を立てられると、僕はイライラしてしまう。そんな僕に誰も気づかないでしょうけど。

でも、僕が嫌だなと思ってしまうのは、みんなに話しているその人は、自分の目の前にいる人たちは行動を起こすことができる、だってこの人たちはここ、オックスフォード大学の学生だから、と考えることです。何の客観的な理由もないと思う。ここで勉強していれば知識が増えるとか、経験が増すとか、野心が得られるというような意味で言ってるわけじゃない。そうじゃなくて、ここにいる人たちはオックスフォード大学で学位を取れるという前提で、だからここにいるみんなが考えることは真実だ、と仮定して言っている。でも僕はオックスフォードで学位が取れる人の考えだから真実だなんて思わない。

大学の学位を持っていれば確かに有利だけど、それが重視されなくなれば、持っていても仕方ないということになる。自閉症の人が大学の学位を取ることで、皮肉なことに大学の学位なんて重要じゃないと思わせることができるかもしれない。オックスフォード大の学生だから本物だ、という考え方に、僕はイライラしてしまうんです。でも、ああいう場ではみんなの気持ちをひとつにしないといけないだろうから、僕はそんな自分のいらだちをみんなに言ってまわることはしません。

僕のことをよく知らない人は、僕がこれまでしてきたことを基に何かしたいと考えている、と思い込むようです。たとえば、僕はオックスフォード大学で学んでいるから、お金や権力を手に入れることに関心があると考える。それはまったく違う。でも、そんなふうに言われたら、僕について間違った印象を持たれることもあるかもしれないので、思っていることを率直に話すようにしています。

僕にとってオックスフォード大学は学位を得る場所じゃない。オックスフォードの町と人々に惹《ひ》かれているし、ここで人生の旅を楽しんでいます。大昔に建てられた、悠久の時間が刻まれた図書館[*6]で過ごし、庭園を静かに歩く。歌やスコティッシュ・ダンス[*7]を覚える。礼拝堂で人々と触れ合う。本当にいろんなことを経験しています。オックスフォードはどんな学術的業績より深いものを与えてくれるし、ここで過ごせたことを一生感謝すると思う。

リリック　どうやって感情を抑えるの？　どんなことに感情が反応する？　自分の感情にどんなふうに反応する？

ジョリー　僕にも感覚や感情はありますけど、それらにほかの人とまったく違う形で反応していると思う。僕は感覚や感情をたいてい遮断できるけど、多くの人はこの能力を奇妙だと思うみたい。ごくまれだけど、僕も強い感情を持つことがある。その場合は気持ちが大きくぶれないようにしつつ、ただ無視していれば、いつのまにか消えてしまう。

構造的な人種差別[*8]とか、貧困問題とか、過去の悪習とか、大規模に起こっていることに対して、こうした感情を持つことがあります。そんなことを見たり聞いたりすると悲しくなる。でも、そんな感情が何かを生み出すことはないから、それは遮断するしかない。それでも、どんな時も希望を持つことでいい方向に向かうと思っています。

特に強い感情を覚える時は、稲妻の向きを変えるようなことをしているかも。稲妻を別の方向に飛ばすことができれば大概問題ないですが、時には避雷針を機能させて、強い感情が威力を発揮しないようにすることも大切です。

僕も論理的な考えとは別に、意味のある考えを確かに持っているけど、それを感情と呼んでいいかわからない。何か意味のあることを記憶しているとしても、いろんな要素が含まれていて、感情はどこか脇に押しやられてしまっているかも。芝居にたとえれば、ほかの人たちにとって感情は舞台そのもの。この舞台を作り上げるために、背景や幕や小道具すべてをどのように使うか、ということになる。でも、僕にとっての感情は、芝居で言えば、ある場面に出てくる何人かの役者の中のひとり、名もない役者くらいのものかもしれない。

リリック　怒り、悲しみ、喜びといった感情に、どう反応する?

ジョリー　怒りの感情は時に受け入れることができるかもしれませんが、何も生み出さないと思います。怒りの感情から何か生み出されるものがあるのか、なかなか思いつかない。そう考えると、遮断するのがいちばんいい、ということになる。それは遮断するのがいいという理由を知性がはじき出して、脳の分析機能が僕にそうするように命じる。一方で悲しみは頭で考えても判断できないと思う。社会に悪が確かにはびこっているのは悲しいことで、この悲しみは怒りよりもずっと受け入れやすい。でも、悲しみも感情であり、僕はやっぱり排除します。うれしいという喜びの感情も、距離を置いて観察してみます。積極的に遮断しようとは思わないし、避雷針を持ち出すようなこともしないけど、喜びの感情に強い影響を受けることはありません。離れたところに浮かべて、きれいな花を見るように観察します。僕にはまるで感情がないというわけじゃない。時には感情に駆られることもあるけど、よほど強くないとそういうことにはならない。

ストレスを感じず、恐怖を処理しない

長きにわたり、神経科学者のあいだでは、人間や動物の恐怖の反応は脳の下の部分、脳幹近くにある小脳扁桃《へんとう》でなされると考えられてきた。だが、最近の研究で、これが見直されつつある。

「脳が恐怖を生み出す方法にはいくつかあり、恐れが生じる場所をひとつに定めることは必ずしもできない」とリサ・フェルドマン・バレットは著書『情動はこうしてつくられる――脳の隠れた働きと構成主義的情動理論』[*9]の中で述べている。代わりに脳には「さまざまな心の状態を作り出すことができる中枢システムがある」と主張するのだ。バレットは人間のニューロン（脳神経細胞）はただひとつのことをするようにできているのではなく、

「多目的」に機能すると記している。
　ジョリーはストレスと恐怖をひとつのユニットとしてつなぎあわせている。だが、自分はストレスも恐怖も強く感じないという。どちらに対しても感情的に強く反応することはないとのことだ。

ジョリー　社会的な交流などで僕もストレスを感じますが、同じものでもほかの人のストレスの感じ方と大きく異なります。この状況ではストレスを感じるはずだというところで僕は感じなかったりするので、奇妙に思う人もいるみたい。学業のことで最後にいつストレスを感じたのか、思い出せない。成績をまるで気にしないというわけじゃなくて、僕は考え方がちょっと違うのかも。心配してもどうにもならないと思う。サウスカロライナ大学で卒業を間近に控えていた時、僕は四・〇[*10]の成績を維持してたけど、そのためにすごく勉強していたというわけじゃない。僕には学ぶことが大切で、テストを重視することはありませんでした。生物学でBを取ったら、ほかの学生はかなりへこんでしまうかもしれないけど、僕はそれほどがっかりしなかったと思う。
　恐怖もあんまり感じませんね。死を恐れる人もいますけど、僕はほとんど関心がない。統計的に心臓発作などで突然亡くなってしまう人も少なくないし、死は避けられない。どうにもできないものだし、どんな病気にかかって死んでしまっても受け止めるしかない。でも、アルツハイマー病みたいな、健忘症や記憶がなくなっていく病気は嫌ですね。僕にはつらいです。

ひとつ嫌いで遠ざけておきたいのは、ホラー映画。それは観たくない。ホラー映画に食いつかれると、おそろしい場面が頭から離れなくなる。でも、現実の生活で僕がすごく怖いと思う感情に駆られることはないかも。見たことがないような巨大なクモがコンピュータのうしろのパイプから這い出してきたら、心拍数は急激に上がる。でも、感情がそこに付随することはないです。どうしてそこで恐怖の念が生じるのか、僕は理由を突き止めようとする。もし「おそろしい」と判断される状況に遭遇したら、悪いことが起こる可能性があると、多分ほかの人と同じくらい迅速に認識できると思います。それでも僕はやっぱり感情に強く反応することはないいんじゃないかな。

先ほどの巨大なクモの例を考えてみるのがいいかもしれません。やっぱり感情的な反応は自動的に起こる。僕も心拍数の上昇は避けることができない。でも、大きなクモを目にしても、僕は大声を上げて家から急いで飛び出すことはしない。そんなことをしても、クモを追い払うことができないから。最初の反応である心拍数の上昇は僕にも自動的に起こる。でも、二番目の大声を上げて走り出すという反応は制御できる。皆さんも制御できるけど、ほとんどの人はその訓練をしていない。

ひとつ、僕は脳にアクセスできなくなるんじゃないか、脳をコントロールできる能力がなくなってしまうんじゃないかということは心配していますし、感情的にすごく不安になります。でもそれは、外の世界をコントロールできないことに関してまったく不安にならないことと表裏一体なのです。たとえば墜落寸前の飛行機に乗っていれば、僕はもうそこでどうにもならないと論理的に受け止めて、もはや不安を感じることはありません。飛行機が墜《お》ちていく中、パニックになることはまずない。慌てたり騒いだりしても助からないから。何をしてもむだ。そんな時みんな感情的に反応するけど、ぼくはそんなことはない。

たとえば気候変動に感情的に反応することはないけど、この問題に対して何も行動が起こらないことには不安を覚えます。でも、それについてこんなふうに思うだけです。

「わあ、地球でもっとも賢い生物が感情や政治みたいなことが理由で何もせずに、自分たちを絶滅させちゃうなんて、最低じゃないか?」

こうしたことを考えますけど、いつも考えているわけじゃないし、次に考えるまで頭に浮かぶことはない。

僕の頭には常に、僕の脳が興味を示さない情報を置いておくスペースがあります。その情報が処理できないということになると、押し出される。意識的にそうしているわけではもちろんないです。僕の精神がそんなふうに動いているだけかもしれない。いつもいろんなものを取り入れないといけないから、脳が全部受け入れることはできない。ほかの人が怖い、不安になる、苦しいと思う情報は置きません。僕にはそうした感情はまず扱えないから。

顔文字[*11]

実は顔文字にはあんまり興味がありません。誰かに「うれしい」の顔文字を送ってもらって、それが嫌ということはないです。愉快な顔文字を送ってもらったら、ああ、愉快な顔だと思う。送ってくれる人たちも楽しいんでしょうね。でも、暗号みたいに組み合わせられたりすると、ちょっとついていけない。アイコンから言葉を作ることもできるみたいだけど、興味ない。

ジョリーが好むコンフォートゾーン[*12]

できれば社会問題や環境問題に取り組む仕事に就きたいです。こうした問題は人間に大きな影響を及ぼすから、強い関心がある。でも、どんな人たちが影響を受けることになるのか僕は知らないから、その意味では感情的じゃない。社会問題や環境問題はみんなの感じ方に影響を及ぼすけど、それらの問題に対して感情的に対処する必要はない。みんなの問題をひとつ解決するのに、感情的な支援はいらないと言いたいわけじゃない。
でも、誰かの問題を解決したとして、その人がやってきて抱きしめられたりしたら？
僕はそんなことしてほしくないです。

リリック　ジョリーは泣くことがあるの？

ジョリー　時々。『マーリー　世界一おバカな犬が教えてくれたこと』[*13]にはほんとにやられちゃいました。泣けましたよ。同じくらい泣ける映画がほかにもありました。どれも悲しい。妹とロンドンで『ハミルトン』[*14]を観ましたけど、最後に僕が少し涙を流すのを見て、妹はとてもうれしそうでした。涙がこぼれ落ちるなんて、確か大学四年生の最後に、フォト・アルバムを作り上げた時以来じゃなかったかな。コッキーズ・リーディング・エキスプレス[*15]のためにまとめたアルバムがついに完成できて、ちょっと泣いちゃったんです。ウスターカレッジ[*16]の礼拝堂に最後に礼拝した時も涙が出ました。ほぼ二年にわたって、あの礼拝堂で長い時間を過ごしてましたから。

旅というか、本当に意味のあることをやり終えた時、それまでしてきたことを振り返りながら、感情的になることはあります。また世界の状況や環境の問題を思うと悲しくなる。でも、それは大抵はっきりしないことなので、泣くことはないかな。どういうことか、頭の中で考えてみるつもり。

ほかにもおかしなことが昔から起こります。テディベアがひとりぼっちでいたりするのを見ると、すごく心が痛みます。子供が大きくなってテディベアが置き去りにされてしまう映画[*17]、いくつかありますよね。そんなことに、すごく悲しくなっちゃう。そういう特定のおかしなことはあるけれど、いつも起こるわけじゃない。それから「ズームアウトする瞬間」って僕が呼んでる瞬間があって、周りで何か起こったり、誰かが何かを言ったりすると、その場で少しカメラを引いて全体を見つめながら、いろんなことを同時に考えてみたりします。

リリック　幸せは？　ジョリーは幸せについてどう思う？　どんなふうに経験して、どんなふうに感じる？

ジョリー　幸せはまるではっきりしないものですよね。僕は陽気な人間だと思いますし、悲観的に生きるより楽観的に生きるほうが自然だと思うから、楽観的に生きたい。また幸せだと思うのは、満足しているとか、誰かに感謝したいとかいう気持ちがあるからです。僕は満足している、誰かに感謝していると思うこともあれば、満足できない、誰にも感謝できないという時も確かにある。ひとつ気づいたのは、僕は幸せをひとつの概念としてイメージできないのかもしれない。友達と触れあって、満足感を得て、快活に過ごしたり、楽観的に考えたりする。多くの人はこういうすべてを幸せと呼ぶひとつの大きな感情の中にまとめられるけど、僕にはできない。一つひとつ別にしないといけない。すべての要素がそこに詰まってるけど、具体的でないと意味がはっきりしないから、僕はそれぞれを別々に話すことしかできない。感情がなくてもできる方法で、一つひとつを世の中のさまざまなことや、さまざまな経験につなぎあわせます。

悲しみのほうの要素は少ないように思います。悲しみは自分の周りの否定的なものと関係している。そういう何らかの理由で楽観的な考え方や希望が自分のシステムから離れてしまうんだけど、幸いそれはごく一時的なことです。みんな悲しみの気持ちは感じる。でも必ずしも自分に悪いことが起こったり、人間として希望を失ったりするわけじゃない。

人の感情について

ジョリーは自分が感情を読み取って反応することがむずかしいとよくわかっている。言われたことや口にされずに表現される意志を十分に読み取れず、適切な反応ができないことで、はからずもその人たちを傷つけてしまったり、悲しませたりしてしまうのではないかとひどく気にしている。心配のあまり、発言に常に注意している。幼い頃はほとんど話すことさえできなかった若者が、今はこんなふうに心がけているのだ。

話を聞きながら、ジョリーが相手の感情を傷つけないようにとても気を使っていることに何度も驚かされた。ジョリーが「僕はそれがうまくできません」と、自分がさまざまなことに対応できないと何度も言及するので、そのたびにそれは違う、あなたを劣った人のように感じさせた人が悪いの、ほかの人たちの気持ちを傷つけないよう求められてつらかったでしょうと、何度も口を挟みたくなった。
ジョリーは感情をうまく表現できないことや、自分の感情知性[*18]の欠陥を補うために、独自の方法を発展させてきた。人が読まないようなマニュアルにも目を通した。「マニュアルなんて誰も読もうと思わないだろうけど、膨大な世界の知識が書き込まれている」とジョリーは言う。

リリック　ジョリーの思考のビーズを使って、あなたがほかの人の感情をどんなふうに見ているのか、説明してもらえる？　人の感情はどんなふうに見える？　それをどんなふうに認識する？

ジョリー　感情が常にもろさに結びつけられるわけではないと思います。どんな感情も力強いと認識されることがある。僕のイメージは、人の感情はほぼ全面舗装された歩道を歩いている感じ。でも、時々歩道と同じ色の岩や卵の殻が転がっていたりする。岩みたいなのを踏んじゃうと、わあと思ったりする。でも、どうしてびっくりしちゃうかと言えば、予想もしなかったほど強い誰かの感情を発している岩を踏んじゃったから。卵の殻は踏むと割れる。このイメージは面白いと思う。だって、歩道を見た時に卵の殻や岩が歩道と同じ色なら、どこを歩いたらいいかわからなくなる。
それとなく表現される感情より、はっきり表現されるほうが容易に理解できます。気持ちが落ち込んでいたり、心配事があったりすると、みんなほかの人が大体わかるような言い方をする。でも、僕は「わたしは心配しています」とはっきり言ってもらえないと、その人の気持ちが理解できないし、意味を取り違えてしまうかも。たとえば、誰かが試験勉強がすごく大変で「よく眠れなかったよ」と言ったとします。僕はその人が何を言いたいのか読み取れないかもしれない。でも今は試験期間だとわかれば、ああ、この人は試験が心配でよく眠れなかったんだな、とわかると思う。

ほとんどの人は不安をはっきり示すことはありません。示すとしても、かなり微妙な言い方や態度で表現される。音楽専攻の人と朝食をとっていて、その日にリサイタルがあると聞かされました。会話を終える頃、今日はずっと緊張してしまうよ、とその人はそこで話してくれました。そんなふうにはっきり話してもらえたから、それまで読み取れなかったことがはっきり認識できました。なるほど、その人は水をたくさん飲んでいる。はっきり知らされずにそれだけ見れば、ああ、この人はすごく喉が渇いてるんだなと思っただけで、この人はリサイタルのことがすごく心配で、水をたくさん飲んで気持ちを落ち着けようとしているとは思わなかったかも。そんな感情にとらわれているんだってはっきり言ってもらえなかったら、何も考えなかったと思う。

リリック　ほかの人の気持ちを考えるうえで、何がいちばん大変？

ジョリー　ものすごく苦労していることがいくつかあります。何が起こっているかよくわからなくて、適切な反応ができなかったこともある。僕の言ったことが誤解されてしまって、誰かを気分悪くさせてしまったり、傷つけてしまったりしたこともある。みんな気分を悪くしたり、傷ついたりしても、なるべく外には出さないようにするものです。自分の気持ちをはっきり口にしてもらえないと、僕はすごく苦労する。

少し考えさせられることを言われるだけでも、僕は十歩くらい先に行ってしまって、まるで違うことを考えてしまうみたい。聞かれたこととは大きくかけ離れたことを答えてしまうと、相手を侮辱し、否定することになるから、常に注意しています。みんな僕のように行動すれば、誰も感情的に傷つかないと思う。でも、みんなが今の状態で問題ないなら構わない。

おわかりかと思いますが、感情に強く影響される場合、言葉がとても重要になります。誰かに話すことを禁じられて、自分の言葉が使えないとなれば、大変です。でも、僕には言葉は何の意味もありません。注意していればそれでいい。

ジョリーがもっとも対処がむずかしいと思うことのひとつは、ほかの人が感情的にというか、ほとんど本能的に反応する時だ。

ジョリー　本能的に反応されてしまうのも対処がむずかしいです。その人が正しいか正しくないかは別にして、それで求めていることが得られるとは思えないから。

ふたつのことを頭に置かないといけません。ひとつは、その人がそんなに強い感情で反応する時は、それ以外何も考えられないということ。そんな時は何を提案しても受け入れてもらえない。
もうひとつ、僕に何ができるか考えないといけない。普段は求められるまで自分に何ができるか考えないけど、誰かのために自分に何ができるか考えることはできる。自分に何ができるか、一生懸命考えすぎて、考えを何も口に出せないくらいに。代わりに、その人の言うことをよく聞いてあげることができる。結局、それによって、その人たちが意味もなくそんな反応をするわけじゃないと認めてあげるのと同じことになると思うんです。その人がそんなふうに感情的に反応するのはいいことじゃないと僕は論理的に理解できるから、その人の話をじっと聞いているのはすごく大変ですし、そのことは皆さんにも同意してもらえると思う。それでも、その人は意味もなくそんなことを言ってるわけじゃないと気がついてあげることがやっぱり大事だと思う。その上で何ができるか判断してあげる必要があります。
リリック　今話してくれたような対応はすばらしいと思うし、ジョリーが自分をわかっているからできることだと思う。どこで学んだの？
ジョリー　僕は何が起こってるかまるでわかってないってことはよくわかっていますし、僕自身はほとんど何の役にも立たないと思います。そうだって大体すぐにわかります。変な対応をしちゃうと、まずかったなってすぐにわかる。以前はどう反応したらいいかわからなくて、ほとんど何の反応もしませんでした。でも、ほかの人たちは感じのよくない態度を取ることがよくあるけど、何が起こっているかすべてわかっていると思う。だからそれでいいんじゃないかな。

そんな中で、すごく参考になる経験をしました。サウスカロライナ大学の一年生のゼミでグループリーダーを任されることになったのです。グループリーダーは全員、グループの会話を円滑に進行するための授業に参加することになっていて、そこでマニュアルを渡されました。マニュアルには、会話に苦痛を感じている人や、感情的になっている人にどのように対応したらいいか、一章を割《さ》いて書かれていました。一つひとつ順を踏んで非常に具体的に記されていて、とてもいいと思いました。

ステップ1には、「その人たちが何を不安に思っているか認識し、話してみるように」と書かれていました。その不安が一体どこから来ているのか、参加者に探り当ててもらい、基本的な解決が見いだせるよう、自分も力を貸すと伝えるのです。その際の注意事項として、判断を促すような言い方をしてはいけないとありました（マニュアルにはそうした言い方がリストアップされていました）。そうではなく、中立的で、説明を付け加えるような言い方が望ましい。同じように、グループリーダーが使うべき言い方もまとめられていました。僕が知らない言い方ではなかったですけど、わあ、このマニュアル、すごい、僕のためにあるみたいだと思いました。

そのマニュアル、残してあります。コンピューターにファイルを保存しました。すごく役立ちますから、今も特に何かすることがない時は、時々開いて見ています。たとえばこんなふうに書かれている。

誰かが発言してくれたら、よく発言してくれました、と中立的な言葉で必ず感謝の気持ちを伝えること。それはこうじゃないかと言ったり、返答を求めるような言い方をしたりしてはいけない。

そんな反応はどうしてグループにとって好ましくないか、メンバーの成長を助けることにならないか、その理由が植物を育てるたとえ話を添えて説明されていました。

植物が自然に育つようにしなければならない。庭師がいちばんいいと思うことではなく、植物に必要なものを与えること。

それを読んで目が覚める思いでした。グループリーダーはこんな言い方をしてはいけない、こう言うべきだと教えてくれたのです。おかげで今は「いい友達モード」をしっかり機能させることができます。

奇妙な逆説だと思うんです。だって、まったく気づいていないことを、まったく気づいていないのだと認識することで、それが自分はできていないのだとそこでわかったんですから。それまではいろんなことを言われて、受け入れればよかった。でも、そこでは何か言う前に、どう反応すればいいかを考えなければならない。まずはメンバーの発言に謝意を示し、快く受け止めること。すべての発言に感謝してから先に進める。こうした決めごとを順守する。単純ですけど、徹底するのはとてもむずかしいです。自分のことがよくわかっていないといけない。それを高度な感情知性と呼ぶ人もいるかもしれません。僕は感情知性が極めて低いから、おもしろい皮肉ですね。でも、方向性が示されたおかげで、僕の限られた能力でも取り組めるようになりました。最初はそんなに多くのものを持っていなくても、できるようになるのです。

マニュアルなんて誰も読もうと思わないだろうけど、膨大な世界の知識が書き込まれているのです。

ここで話題を変えて、これもジョリーがむずかしいと感じる「会話のキャッチボール」について考えてみることにした。相手の話を聞いて反応することや、前に話したことに戻ったりしながら話すことがどれだけ大変か、そして相手の話に口を挟むことがどれだけむずかしいか、わたしたちは論じあった。そこでわたしは気づくことになる。障がいの有無にかかわらず多くの人たちが同様の苦労を抱えているのだ。

リリック　そのグループリーダーのマニュアルに書かれているアドバイスを取り入れてから、あなたに対してみんなの反応が変わったということはあった?

ジョリー　そこで僕はほんとによく人の話を聞く、と思ってもらえました。指示の一部にもリーダーはメンバーのスムーズな会話の進行を心がけること、リーダーが口を挟むとメンバー間の会話が止まってしまうから、口を閉じているようにと書かれていましたから、よく人の話を聞くようにしました。メンバーは考える時間が必要だけど、リーダーの反応は特に求めないという考え方。この考え方を肝に銘じることで、客観的に人の話を聞くことができるようになりました。感情的でない状況に対応する際も、よく人の話を聞くようにしています。

通常の会話でも知的な会話でも、僕がおかしてしまう問題がひとつあります。人が話している時に口を挟んでしまうんです。どうしてそんなことをするかと言うと、言いたいことをとにかくすぐに口に出さないと、忘れてしまうから。考えが浮かんだら言葉にしないといけない。頭の中に残しておくことができないんです。でも、人が話している時に口を挟むと、会話を壊してしまう。

リリック　あなたが言いたいことを系統立てて伝えようとする一方で、進行中の会話から逸《そ》れずにいようとすると、何がいちばんむずかしい？

ジョリー　ふたつの問題があります。最初の問題は明らかです。言われたことを聞き逃してしまうと、何かに十分に対応できないかもしれないし、ひどい時には相手の言っていることをまるで聞いていないように思われてしまうということです。確かに人の言うことは半分くらいしか聞いていないのに、自分が言いたいことをたっぷり言い返す人たちはいます。僕はそんな人にはなりたくない。

二番目の問題はどうしてもさえぎることが多くなってしまうことです。考えが浮かんでも口に出さないでいると、忘れてしまいます。相手の話をさえぎって何か言うのが有効かどうか、判断しなければなりません。でも、あんまり人の話に口を挟みたくありません。だって、しょっちゅうそんなことされたら、相手も気分がよくないですから。一方で、僕は言いたいことを何も言わないでいると、頭からすっかり抜け落ちてしまうということがある。相手の話をずっと聞いていると、言いたいことをみんな忘れてしまうから、何も言えなくなる。結果として相手の言うことにほとんど反応しないか、やたらに口を挟むしかないわけで、どちらも感じがよくないから、むずかしいことになる。

リリック　考えたことをいちいち言わないで覚えておくうえで、何がむずかしい？　もちろん、多くの人たちも、会話に口を挟むかどうかということを含めて、程度の差こそあれ、そうした問題に苦労していると思う。

ジョリー　これは自閉症に限定されることではないでしょうけど、僕の場合、思うことを一つひとつ言葉にするのに大変な精神的処理が必要となるので、さらにきびしいものになります。どうすれば思っていることを適当な言葉にできるか考えようとして、いつも以上に精神エネルギーを注入しなければならない。それによって、どうにか意味があると思える考えを口にできる。

それができても、言ったことを気軽に言い直せる場所に置いておくことができない。毎回どうにか考えを発言したあと、脳が処理スペースを取り戻そうとして、思考と言葉をつなぐ橋を消してしまうような感じ。思ったことを口にしてから二十秒しか経っていないとしても、すでに精神の支えが失われているから、言葉が出てこない。それでも時々復元できたりして、ああ、僕はこんなことを言おうとしたんだと自分でびっくりすることがあります。

リリック　あなたはいつも自分が言ったことを人に誤解されてしまうんじゃないかって心配してるね。でも、あなたに言われたことをあなたが誤解してしまうことはある？　それによってどんなことが起こる？

ジョリー　僕が誤解していれば、母が最初に教えてくれます。僕が人の言うことを誤解したり、自分が誤解していることに気づかなかったりすることはよくあります。ひとつには、誰かが言うことに集中できないと、聞き逃してしまうことがある。それによって何か適当なことを返答しようとしても、相手が言ったことを聞き逃しているわけだから、会話が成り立たない。

ほかにも関連することがあって、僕を含めて誰かがある考えを口にする時は、常に頭の中にそれに対する仮説みたいなものがあります。僕以外の人たちはみんな似たような考え方をするから、こうした仮説みたいなものを僕より本質的にはっきり認識できるんじゃないかな。でも、僕は自動的にみんなと同じ仮説を頭に思い浮かべることができない。そこで問題が生じる。特にグループへの対応がむずかしくなります。グループのメンバーは同じ仮説のもとで先に進めようとするから、僕は取り残されてしまう。みんなが先に進んだことすら僕は気づかないかもしれない。そのあとはもう何だかわからなくなってしまう。でも、僕はいつだってみんなを止めたくないし、進行を遅らせることもしたくない。

リリック　それは別の言い方をすれば、二重処理[*19]の問題かしら。人の思考の流れに耳を傾けて追いながら、どのように反応するか方法を練る、という。

ジョリー　そうです。僕はどちらもあまりうまくできないから、二重処理を一本の経路で処理しているんだと思います。こんなことがあります。僕はみんなが同じ単語を口にしたと思っているけど、実際にはみんなは似たような単語を使っただけで、意味が違うんです。全然違うこともある。こんなふうに誤解したり、間違って解釈したりすると大変なことになる。特に感情的であったり、状況に依存した言い方だったりすると、誤解したり、間違って解釈したりしてしまうことがよくあります。

皮肉や嫌みもうまく読み取れません。以前、誰かに何か嫌みを言われた時、文字通りに解釈してしまい、場違いな反応をしてしまいました。そんな時は本当に困ったことになってしまいます。

リリック　口頭での議論、誰かのスピーチを聞く、文章を読む。ジョリーがいちばん楽に情報を得られるのはどれ？

ジョリー　すでにどこかで言ったかもしれないけど、以前は書かれたものを読むのが楽でした。でも今は、うまく文章が書ける人もうまく話せる人も大体同じですね。僕は明解な意思伝達を求めますが、それは話されることでも書かれたことでも、はっきり読み取れるか、まったく読み取れないかのどちらかです。本当によく書けた本は、どんなに人前ですごくうまく話せる人より、大概内容を効果的に伝えることができると思う。でも、どんなに人前で話すことが下手な人でも、全然うまく書けてない本よりは、はるかに効果的に内容を伝えてくれる。経済学の名著、アダム・スミスの『国富論』をずっと読んでますけど、僕には無味乾燥で。穀物の価格について書かれていますが、アダム・スミスの考えは難解で、すっと頭に入ってきません。話が下手でむずかしいことばかり言っている人からでも何かを得られることはありますが、砂を嚙むような本は僕にはつらいです。

5　言葉の障壁

言葉

科学者たちは何年も研究を重ね、脳にはそこだけで「言語」を司《つかさど》る単一のスポットは存在せず、人間が言葉で表現する回路は実に複雑であることをつかんだ。失語症の人たちの事例が報告されていて、そこには彼らは話すことに苦労しているか、言葉は十分につなげられるが、うまく整理できない、と記されている。

　脳科学者たちは、人間の言葉を話す行為は主にふたつの場所で司られていると考えている。ひとつはフランスの外科医ピエール・ポール・ブローカ[*1]が一八六一年に発見したブローカ野で、もうひとつはドイツの神経科医カール・ウェルニッケ[*2]が一八七四年に発見したウェルニッケ野だ。乳児や幼児は言葉の習得のために、ブローカ野とウェルニッケ野を機能させて、複雑な脳神経の経路を通じて言葉を司るこのふたつの野をつなぎあわせなければならない。これが未発達なために、乳児や幼児は話ができないし、話しかけられたことが最初は理解できない、と言われる。

だが、脳が言葉を発信する複雑さはこれだけでは説明がつかない。これまでの多くの脳の研究を通じて、脳が損傷や苦痛を受けた場合に、ふたつの野が実に複雑で予想もできないつながり方をすることが明らかになった。脳卒中や脳損傷を受けた人の中には、名詞は出てくるが動詞は出てこないという人もいれば、話すのはむずかしいが歌をうたう時は言葉を問題なく発することのできる人もいるし、文を書くことはできるが読むことができないという人もいる。自閉スペクトラム症の子供たちは言葉の遅れに苦しむことが多いが、逆に言葉の遅れは自閉症を早い段階で判断する目安になる。キャサリン・ワン[3]とゴットフリード・シュラーグ[4]のふたりの脳科学者は、「脳領域の間の連結不全」という観点から自閉症の見直しを提案する。ワンとシュラーグは自閉症の言葉の問題も脳の異なる機能を「うまく結びつけることができない」ことによるもので、特に脳の各部分の異常のせいではないとする。

言葉と脳の研究について、ごく簡単に記した。ジョリーはどれだけ言葉を紡ぎ出すことに苦労しているか、言葉によるコミュニケーション力をどのようにして身につけたか、以下で話してくれるが、今記したことを背景知識として踏まえておきたい。ジョリーの母ケリーが記憶しているように、ジョリーは話し始めた頃、ほとんど意味をなさないか、その場にふさわしくない単語やフレーズをつなぎあわせることがよくあった。14ページにあるように、音楽を聴きたいかどうかたずねられて、「今夜は冷えるね」と答えたりした。ジョリーの脳はその言い方が音楽につながっていると認識していたのだ。

どうして言葉が人とのコミュニケーションをはかる上で大きな障害になるか、ジョリーは説明してくれる。

ジョリー　普通に歩ける人は低い段差のことなんて考えないかもしれません。気がつかないし、階段をのぼる時みたいに足を大きく上げる必要もないから。でも、車椅子を使っている人は段差があれば先に行けない。それを聞くと、みんな大体びっくりする。僕はどうかとたずねられたら、全体のルートがはっきりイメージできるまで、そこに行けるとは答えない。たいていの場合、一度そこまで行って、確かめてみる。そうしないとわからないから。建物は社会が作ったもので、非定型発達者や何か障がいを抱えた人たちが作ったものじゃないから、非定型発達者や何か障がいを抱えた人たちがそこに入れなくとも驚くようなことじゃないと思う。

僕にとっては段差でも建物でもなく、言葉によっていちばん大きな問題がもたらされます。どうして言葉がむずかしいかと言えば、言葉に代わるものがないから。もし言葉に代わるものがあれば、それを使う人もいるはずだから、今よりコミュニケーションはずっと楽になるかもしれない。少なくとも誤解されることはずっと少なくなると思う。僕はいつだって誤解されたくない。誤解されないように最大限努力するけど、何を言っても違う意味でとられてしまうし、誤解されてしまったら僕はそうじゃないって言い直すことができない。せいぜい「そんなつもりじゃなかったんです」みたいなことしか言えない。すごくイライラしてしまうこともよくある。特にみんな同じように僕の言ったことを誤解して、「そんなつもりで言ったんじゃないんです」と言っても、疑われたり、信じてもらえなかったりすると、すごくきついです。

ある意味、言葉は常に再生産されていて、ほとんどの人はそれで問題ないと考えている。社会が大きくなれば、いちいち気に留められることもなくなる。でも僕にすれば誰も気づかない出っ張りにぶつかってしまうようなもの。その出っ張りの前で僕が立ち止まると、みんなは僕がおかしいと思う。

リリック ジョリーの理想的なコミュニケーション・システムは?

ジョリー 僕の周りの小さな世界に一からコミュニケーション・システムを設定できるとすれば、テレパシーを通じてということになるかも。それを使えば誰とでも精神を同期できるし、ログインもログアウトも自在で、どこでも行ける。でも、テレパシーが使えるとは思えないから、やっぱりありえないな。たとえ誰かがテレパシーを発明したとしても、やっぱり言葉が基になると思う。僕がみんなの共通システムに対応できないからって代わりのシステムを構築しても、何であれ、間違いなくみんなに嫌われるものになる。僕が作り上げるシステムは、僕と、ほかの自閉症の人たち以外の人たちにとってはとんでもない代物になるでしょうね。

僕の理想のコミュニケーション・システムでは、定型発達者はどうやってコミュニケーションをはかっていいかわからないだろうし、精神内で起こっていることや、システムの外で起こっていることを言葉にできない。定型発達者には、安定したシステムとはとても思えない。ひどく混乱した世界と思うでしょう。意味があるものは何もない。何もかもまるで意味をなさない。それが解消されることはない。みんな僕が抱えている問題だけど、自閉症ではない人たちにはどれもまったく無縁なものだから。

僕がうまく使えないからといって、言葉のいい部分を変えるべきじゃない。でも、それは僕の個人的な考え方で、言葉をうまく使いこなせないと感じているすべての人たちに当てはめるべきじゃない。人々が不利な状況に置かれたり、排除されたりする、そのほかの社会問題についても、同じことが言えると思う。

でも、僕はそれでいいです。確かにむずかしいことがいくつも出てきてしまうけど、それが問題だとは思わない。だって僕がむずかしいことや大変なことをいくつも抱えてるからといって、もし誰かに、ほかの人みたいにしてあげるよ、と言われても、僕は今のままでいいよ、と言うと思うから。自分らしくいられればそのほうがいい。

リリック　話し言葉の何がいちばんむずかしい?

ジョリー　ほとんどの人は赤ん坊の時からひとつの言語を耳で聞きながら学ぶことになり

ます。脳が何かおかしなことをしていると思ったら、「バン！」と突然変化が起こって、バブバブ言い出して、声も出てきて話し出す。そして成長しながら、英語でもフランス語でも、とにかく周りで話されている言葉をしゃべり出す。ふたつの言語を話す家で育つ赤ん坊は、普通、バイリンガルになる。このようなコミュニケーション・システムの形成プロセスが自然だと思うし、広く浸透しているんじゃないかな。これ以上に有効と思われるコミュニケーションの習得法はないんじゃないでしょうか。

　でも、僕はそうではありませんでした。家族みんなが、特に母が僕に一生懸命話しかけてくれたのだから、僕には変化が起こらなくちゃいけなかった。覚えてないけど、スピーチセラピー[*5]も受けたみたい。何と言っても、母は「ジョリー語」の最高の権威になってくれました。僕が話すために知らなければならないことをすべて教えてくれた。ところが、僕の言葉の進歩は逆方向に向かいました。コミュニケーションの懸け橋に労力と思考とエネルギーを注入できるようになるために、精神のコントロールが必要でした。言葉を使いこなすには、コミュニケーション能力に並行して、コミュニケーションをはかろうとする意思や技能も養う必要がありました。

　僕の場合、たとえうまくできなくても、母と話したいという気持ちはいつもありましたから、コミュニケーションをはかろうとする意識より、それを実現する能力の育成が重要でした。僕のコミュニケーション力の進歩は非常にゆっくりとしたものでした。一方、母は着実に僕と話す力を身につけていきました。だから、今度は僕が理解しなければならなかったのです。精神と精神を維持するエネルギー量を調整し、そのあと一層努力を重ねて、どうしたら自分の頭の中にあるものをみんなが使う媒体、すなわち「言葉」に注入できるか、考えなければいけなかったのです。

でも、今もまだ、自分が思っていることをうまく言葉に置き換えられません。言葉にすると、すごくたくさんのものが消えてしまうと感じるんです。それがいちばん強く感じられるのは、ひとつには言葉にはあいまいさが存在するから。ひとつの単語が、異なる状況で、それぞれ異なる意味で使われるのです。また、同じ語なのに、発音が異なることもある。たとえば、同じliveという綴りの語は「住む、生きる」の意味の動詞としても「生の、今起こっている」の意味の形容詞としても使われますが、発音は違う。[*6] windも名詞「風」の意味で使われる時と、動詞「時計などを巻く（こと）、まわす（こと）」の意味で用いられる時は、異なる発音になる。[*7] tearは同じ名詞でも「涙」と「引き裂くこと、裂け目」の意味で使われることがあるけど、それぞれ違う発音になる。[*8] どちらも同じ一語の名詞に見えるのに、まるで違う語として使われる。同じつづりでも、状況によって三つか四つ、異なる意味で用いられるものもある。たとえばbarkという語には、犬が「吠える」、「どなって言う」[*9]、「樹皮」、帆船の一種の「バーク」[*10]の意味があります。『オックスフォード英語辞典』[*11]を引いてみれば、同じ綴りの語が1、2、3と右肩に番号が振られ、別々の見出し語として立てられている。[*12] 同じ語でも状況によって意味が異なるから、語彙定義はさらに拡大する。抑揚、構文、声の調子によって、微妙な意味の違いが三つも四つも五つも加わることになる。おそろしく複雑です。ひとつの語に対して、ひとつの意味だけにしてほしいです。

そもそも、どうして何かを描写するのに言葉が使われるようになったのでしょうか？ プラトンは形、姿、物の形式（イデア）を通してコミュニケーションをはかろうとしました。[*13] 僕はプラトンの哲学に非常に強く共感します。僕にとって言葉は複雑なものではなく、還元主義[*14]に基づくものです。誰かが何かを言うのを聞くことさえ、他の人のようには僕には役立ちません。多くの人は誰かの話を聞けば、その人が考えていることがわかると普通は思う。でも、僕には無理。

誰かが何かを言うのを聞いても、僕にはそれほど多くの情報が得られないのです。ほとんどの人は、自分が理解できる言語で話されるのであれば、発話者が考えていることを半分以上は理解できるでしょう（多くの人は実際よりも相手の話がよく聞き取れるし、理解できると思い込んでいるようですが、聞き逃したり、理解できていなかったりすることもよくあります）。

僕にしたら、それは全然ひどいことじゃない。一割も聞き取れないわけじゃないんだから。ところが僕は言われたことをすべて僕独自のヴィジュアル・シンキング（視覚的なイメージで、物事を考えること）に移してみて、もし何か返事をしたい、アイデアを付け足したいと思えば、それをまた言葉に戻さないといけない。常に頭の中でそんなふうにいろんなことを行ったり来たりさせないといけない。練習もたくさん積んだから、以前よりはうまく処理できていると思う。どこかで耳にしたことと照らし合わせて、さっき言ったような行ったり来たりが速くできるようになりました。あれ、これはどこかで聞いたあの言い方によく似てるから、この人はきっとこう言ってるんだって、今はわかります。でも、僕の標準理解度はいつも五〇パーセントにも満たないと思う。もし僕が相手の言うことを一生懸命聞かず、性急に判断してしまうようなことがあれば、ほかのほとんどの人がちゃんと理解できているのに、僕は大体のところを聞き間違えてしまうことになる。

　メールやテキストでコミュニケーションをはかるのも苦手。ほかにもそういう人はいますね。ほかの人が話すのを実際に見てみることで、情報が得られる。役に立つことはごくわずかだとしても、今持っている情報の有用性は高まる。

　誰かに何か思い悩んでいることをメールで送ってもらっても、何を悩んでいるのか読み取れない。理解できないし、きっと返信できないでしょう。


　ジョリーは言葉が好きではなく、彼の脳が一つひとつの語をつなげられないとすれば、どうやって彼は言葉を使えるようになったのだろう？　何年もスピーチセラピーを受けて、訓練を積んだからだ。だが、すでに話した通り、単に言葉を使うことと、言葉を無理なく使えることは、まったく別問題だ。ジョリーが外の世界とコミュニケーションをはかる上でまずしなければならないのは、イメージを言葉に置き換えることだ。すなわち、「ジョリーのビーズ」に埋め込まれた概念を取り込み、周りの者が全員理解できる言葉に置き換えなければならない。ジョリーがうまく言葉を使えるかどうかは、周りの状況および自身の精神エネルギー量にも直接関係する。

ジョリー　いつ言葉を無理なく使えるようになったか、それに答えるのはむずかしいです。というのは、自閉症の影響のひとつに、脳にあることを言葉に変換したり、耳にした言葉を脳内でイメージしたりしなければならない、ということがあります。でも、人がたくさんいる、音もうるさい、気持ちが集中できないといった、自閉症の傾向が普段より強く出てしまう環境に置かれてしまうと、その変換がうまくできない。この変換を司る脳の機能がやや低下したり、動きが悪くなったりしてしまうのです。

あまり好きでない環境、特に新しい環境に入れられたりすると、言葉がうまく出てこないかもしれない。ゆっくりした話し方になってしまうかも。思考を言語処理する時間がいつもよりかかってしまうのかもしれません。「僕は何を言おうとしているのかな？　どう言ったらいいのかな?」みたいに考えてから、ようやく口にすることができる。たぶんいつもよりゆっくりした言い方になっているでしょう。何もかもいつもよりゆっくりしてしまうし、精神エネルギーもたくさん使う。気持ちのいい環境だったり、前もそこにいたことがあって、慣れている環境だったりすれば、「何を言ったらいいか→どう言ったらいいか→それを話そう」という思考回路にそれほど遅れが生じることはない。みんな同じ僕がしていることだけど、こういうふたつの環境では、僕の言語運用能力は大きく変わるのです。
環境への対応は、最低ラインから始めなくてはなりませんでした。その時にうまくやっていけたのは何人かだけでした。家族から始まって、それから時間をかけて、友人ひとり、近所の人がひとり、兄のガールフレンドというように広げていって。一度にひとりずつ紹介してもらいました。最初は、家族や、近所の友人のジェームズや、家の向かいに住んでいるナンシーさん以外の人たちとは話ができませんでした。

ホームスクーリングを始めた時も、同じように最低ラインからでした。成長するために母が与えてくれた場所と時間が必要でした。それができるようになると、母に背中を押されて、新しい知り合いを少しずつ増やしていきました。僕が中学の後半の年齢に差し掛かる頃、母は僕の準備が整ったと考えて、そうするように勧めてくれたのです。その時はそう思わなかったけど、今振り返ってみると、確かに準備ができていたかもしれない。知り合いを少しずつ増やすのは、作業療法[*15]や理学療法[*16]、そしてよく覚えてないんだけどスピーチセラピーと同じような効果があったんじゃないかな。こうしたたくさんの療法は、僕が特に自分からはしたいと思わないことをするように促すものでした。

母には地元の青年会に入り、テニスの練習に行くように強く勧められました。クラブ・デイ[*17]でも学ぶようになりました。これがホームスクーリングとうまく組み合わさる形になりました。クラブ・デイでイギリス文学と数学の授業を受講しました。でも、クラブ・デイでいちばんすばらしかったのはシェークスピア・クラブです。これに参加したのが僕にとってはすごく大きかったです。だって、そこでは人と話さなければいけないですし、ましてやシェークスピアの芝居の役を演じてセリフを言わないといけないですから、話し方をものすごく練習することになりました。僕は役者として演じるのは下手だったけど、セリフを覚えるのはかなり得意でした。衣装を着れば、別人のふりもできるし。『夏の夜の夢』[*18]で妖精の森に向かう職人のひとりを演じるのが好きでした。このアテネの職人たちは公爵の結婚を祝って芝居を上演しようと森で稽古を積みますけど、うまくできない。僕はおかしなことをして、みんなの笑いを取りました。

　みんなの前で演じたり話したりするほうが、みんなの中に入って話すより、ずっと楽です。舞台に立っていれば、社会的な交流は一切求められないから。みんな僕を見て、僕の話を聞いてるけど、舞台からその人たちとやりとりしなくてもいい。でも、舞台を降りて人がたくさんいる中に入れられてしまうと、そうはいかない。みんなその中で動きまわっているし、みんなの身振りに注意してなくちゃいけない。特に僕は、みんなの言ってることが聞き取れないこともある。大勢の人の前で話すのであれば、一人ひとりの顔の表情はよく見えない。声や拍手やブーイングが確認できて、うんうんとうなずくような言い方が耳に飛び込んでくるだけ。ほかの人はそうじゃないかもしれないけど、僕は人前で話すほうが楽です。

　自分の考えを言葉にするのは大体うまくできるから、人の反応を読み取るとか、ほかにしなくてはいけないことをいくつかしなくてすむなら、人前で話すほうが楽。でも、みんなの前で話すのは少しもむずかしくないというわけじゃない。話すことは何もかも苦手です。

リリック　気持ちよく会話できるということはある？

ジョリー　正直に言いますと、この段階なら気持ちよく会話できる、ということはないです。でも、訓練をたくさん積めば、脳をそれほど使わなくてよくなるということはありますね。ある人と知り合いになると、その人が前に言ったことや反応したことが頭のデータベースに保管されるので、それほど集中して言葉に置き換えなくてもすみます。たとえば母と話すのと、知らない人と話すのは、全然違います。その人と親しくなるほど、嫌な刺激は減らせるんじゃないかな。母と話している時は母が言うことを一語一語すべてイメージに置き換えなくても、ああ、これはあの時言ったことだなとわかるから、精神エネルギーをそれほど使わずにすみます。

親しくなることで、皆さんの会話も変わるんじゃないでしょうか。会話をたくさん重ねれば、エネルギーをそれほど使わずにすむようになります。僕はネガティブな発言に打ちのめされることなく、いくつかポジティブなものに気づくことができるようになりました。避けたいと思うものが減って、大体いつでも大丈夫なものが増える。僕は、ああ、こうやって新しい情報が入ってくるんだ、こうやって新しい事実が確認できるんだと思いました。大学に進学してからですが、よく耳を澄まして、何も言わず、ただほかの人たちに話をしてもらえば、自分が取り込めるデータポイント[19]をその人たちが与えてくれるとわかったのです。だから疲れるけど、聞いてみることは大切です。
そうしたやり取りをすると、僕の精神エネルギーは消耗してしまうけど、寝ればまたエネルギーが充電されることもわかりました。翌朝までに完全に充電される再生可能エネルギーだから、好きなだけ使えます。

リリック　人と話すこと、会話することに抵抗がなくなったのはいつ？

ジョリー　サウスカロライナ大学に入学するまで、ほかの人と問題なく話せると感じることはありませんでした。大学一年生の終わり頃まで、知らない人たちに会ったり、新しい刺激を受けたりすることに強い抵抗を感じていました。でも、その一年生の時に大学の研究プログラム、キャップストーン・スカラーズ[20]に参加して、以前より人と話す機会が大幅に増えたんです。最初の学期にフレッシュマン・セミナー[21]を、二学期にはリーダーシップ・コースを受講して、そこでも人とたくさん話しました。でも、みんなとてもいい人たちだったし、フレッシュマン・セミナーもリーダーシップ・コースも同じ教授に指導してもらえたから、すごくありがたかったです。その教授は僕の話をうまく引き出してくれましたし、よく面倒もみてくれました。
もうひとつ、一年生の学期が始まる直前に、介助犬のデイジーを飼い始めたことも大きかったです。学生たちは犬を家に置いてきていたので、みんなさびしがっていたようです。

どういうわけかみんなデイジーみたいな犬を飼っていたみたいで、こんなふうに声をかけてくれました。

「デイジーは僕の子犬みたいだよ」

「どんな犬なの?」と僕はたずねました。

「チワワだ」

「え、全然違うじゃん。デイジーはチワワより二十キロ以上重いよ」僕はそんなふうに言いました。

時々そんな面白い会話を楽しんでいましたけど、そのうちみんな次々に話しかけてくれたんです。うれしかった。僕は自分から話すのがあんまり得意じゃないから。一年生の学期が始まるまで、知っている人以外の人と話すことはほとんどありませんでした。そんな僕をデイジーが変えてくれたんです。デイジーを見ると、多くの人が僕に話しかけてくれましたから。

それから一年、あまりやりたくなかった言葉の練習もたくさん積みました。でも、やってよかったです。だって、そのおかげで指導教官のジーン先生に勧めてもらい、海洋科学クラブに入ることもできたんですから。二年生の時は海洋科学クラブで活動しました。すばらしかったですし、楽しんで勉強できました。三年生になる頃には、提案されなくても自分で何かを進んでするようになりました。ものすごく遅いですけど、ひとりでできるようになったんです。進歩したんですね。かなりスタートが遅くなりましたけど、僕の人生の旅はここから始まりました。
最低ラインから始めましたけど、今はさまざまな人たちとも話をすることができます。あらゆる環境で、初めての相手でも、いろんなタイプの人たちと話ができます。動揺して何もできなくなるということはありません。

言葉の習得はむずかしい。ジョリーが言葉をうまく処理するにはどんなコミュニケーション方法が効果的か、意見を交わした。「ジョリーに特別」な方法をいくつか挙げてみたが、どれも普遍的なもので、自閉スペクトラム症でない人たちも含めて、言語処理の問題を抱えている人たちに広く適用できることが明らかになった。

ジョリー

1　観察と、いろいろな方法を利用する。
僕は観察して、いろいろな方法を利用します。人がある考えについて話していて、さらにその考えが実践されている様子を見せてもらえるといいですね。それを直接観察させてもらえばいいのです。たとえば、新しいベジタブルスライサーみたいなキッチン用品の使い方を教えてもらうとします。もし、使い方を直接見ることができなければ、いくつかの方法を説明してもらうことで、三角測量[*22]が可能になります。何かをヴィジュアル化する方法を説明し、それからヴィジュアル化したものについても話してもらうのです。そんなふうにして、何かを言葉に変換する上で、ふたつの方法（よく見て、いろんなものを受け入れること）を試みることができます。複数の方法を使うことで、間違いや誤解も防ぐことができます。

2　繰り返し言ってもらう。

考えや概念や指示など、一度言ったことを繰り返してもらえると大変助かります。それがどんな考えや概念であれ、常にジョリーのビーズに変換して頭の中で考えてみないといけませんから。少し違う角度から見たり、何度か繰り返して聞いたりすることで、話が誤って伝達されることをわずかでも抑えることができます。

3　ひとつの語に複数の意味が込められると、理解がむずかしい。

ひとつの語に複数の意味が含まれていたり、意味の大部分が感情からもたらされたりする言い方は、僕には理解するのが本当にむずかしいです。たとえば、

He can't help himself.（「彼は自分でもそうせずにはいられない」と「彼は自分を助けることができない」の意味に解釈できる）

I'm not buying it.（buy に「買う」と「〔考えや説明など〕を〔本当と〕受け取る」の

意味があるので、「わたしはそれを買わない」と、「わたしはそれを本当と思わないのどちらの意味か判断がつかない)

It doesn't hurt to. (hurt は「~を傷つける」の意味のほかに、否定文で「~しても損や害にはならない、~したって罰《ばち》はあたらない」の意味で用いられる。よって、「それは傷つけない」とも、「それをしてもいいじゃないか」といった意味にも解釈できる)

といった言い方です。

あるいは感情的なものにしろ、そうでないにしろ、僕はほかの人たちが共有する背景を知らないので、完全には意味を理解できないことがあります。その意味を教えてもらったとしても、正確に解釈するにはものすごく時間がかかってしまいます。言外に暗示される意味を理解するのがむずかしいだけでなく、はっきり示される意味も容易に読み取れないですから。はっきり意味が示された言い方も、多くは潜在意識に照らしあわせて理解されるのではないでしょうか。僕はその潜在意識を共有していないから、皮肉や嫌みを言われてもおそらく理解できない。

4　言わなくてもわかると思わないこと。

あることについて何も言ってもらえなかったりすると、僕は非常に困ってしまいます。文化的に共有していることは、特に言わなくてもわかるみたいな考えがあって、言及されずにすまされることがよくあります。

慣用句や比喩表現にも苦労します。そういう言い方なんだと瞬間的に理解できないから、どういうことなのか考えないといけない。たとえば、bent out of shape は表面上は「形がないほど曲がる」ということですけど、「かんかんに怒っている」という意味だし、speak of the devil は「悪魔のことを話す」だけど、「噂をすれば影」という意味で使われるし、two peas in a pod は「さやの中のふたつの豆」ですが、「瓜二つ」の意味で用いられる。こういった言い方が文の中で使われると、もう理解できません。このような言い方を多用されると、一体何を言いたいのかわからなくなってしまいます。ひとつかふたつ使われるだけなら、なんとか話についていけます。

5　身振りではなく、言葉で説明してほしい。

身振りやジェスチャーで説明されても、特にそれで言っていることと逆の意味を伝えようとする場合、僕には判断できません。僕が理解できると思って、何も言わずに身振りでたくさんのことを伝えようとしても、ご期待に添えません。

6　ゆっくり話してほしい。

弾丸のように話されると、僕は困ってしまいます。適度なペースで、あるいは時々数秒間一時停止して話してもらえれば、瞬間的に理解できないことがあっても、その間に追いつくことができます。

ジョリーはどんな会話も精神エネルギーを消耗すると知りながら、会話をどのように最大限活用しているのだろう？　ジョリーにとって価値がある会話とは？　わたしたち全員にとって価値ある会話とは何だろうか？

リリック　何について話すのが好き？

ジョリー　まず、世間話は嫌いです。たとえば今日の天気はどうかといったことは話したくないです。ちょっとオタクが入ってるような、知的なことについて話すのが好きです。ニュースを熱心にチェックしていますから、日々のどんなニュースも気になります。でも、人の生い立ちについて話すこともありますし、どうしてみんな過去の経験に基づいた方法を面白いと考えるのか、それについて意見を交わすこともあります。世間話で終わらないのは、共有する価値があるからです。注意して扱わないといけない話である必要はないし、個人的な情報でなくてもいい。でも、何か学べるわけじゃないから、やっぱり世間話は好きじゃないかも。

リリック　あなたが話す価値があると思う人たちは？

ジョリー　よくない人たちとはお付き合いしたくないです。自分の周りにいる人を利用して自分が大きくなろうという感じがどうしても読み取れてしまうから。冷笑的なことばかり口にして、みんなを嫌っている人たちがいる場所にも行きたくないです。いいなと思う人たちはたくさんいるけど、まずはひどい人じゃないということ。そして少なくとも天気や朝食べたもの以外のことを話せる人がいいです。

　知っている人たちと楽しく過ごしていますけど、酒場やお酒が出てくるパーティみたいな場にはなかなか入っていけないので、あんまり行きません。それに、みんなパーティではあんまり知的な話をしないんじゃないかな。オックスフォードにはあらゆるインテリの団体《パーティ》があるのに、変ですね。

　大体、僕は何か始めるのがうまくないので、人を集めるのも苦手です。でも、みんなが集まっていて、僕も特に予定がなければ、すごく疲れていない限り、そこに行ってみます。同じ学科の友達がコーヒーショップで何かしていると知って、僕も特に忙しくなければ、三十分くらいそこで過ごします。ボードゲームをしたり、何か特別な課題や議論に取り組むようなことがなければ、みんなといるのは一時間から二時間が僕の限界かも。毎週、チャペルの昼食会で二時間近く神学について勉強しています。そこで議論するのは問題ありません。もう少し長くいても大丈夫です。でも、大学院生のラウンジで開かれるイベントでお酒も出てきたりすると、三十分くらいしかいられない。

逆説的と言うべきか、ジョリーにとって世間話がどれだけ面倒なことであるか、かなり長い時間を取って論じることになった。ジョリーに話してもらい、それを聞きながら、ある疑問が頭をもたげた。

わたしたちはほとんど誰もが浅薄で表面的な話題にとらわれていて、重要な会話を持つ機会を少なからず逸しているのではないか？

「あなたについて、もっと話してください」とか「これについてどう思うか、もっと聞かせてください」とかずばりと言って、退屈な仲間から離れようとする人はどれほどいるだろうか？

ジョリー　どんな仕事をしているのですかとか、今日の天気はどうでしょうかとか、週末は何をしましたかとかいったお決まりのことをたずねるのは、答えを知りたいというより、ただ会話をつづけたいからじゃないでしょうか？　そんな会話は正直つらいし、精神エネルギーをかなり消耗してしまう。

興味が持てず、精神エネルギーを消耗する会話をつづけるのは不可能じゃないけど、むずかしい。それが長くつづくほど、さらにきびしくなる。世間話も十分くらいなら、なんとかできる。でも、夕食を共にして、世間話を二時間しなければならないとなると、とても耐えられない。いろんな問題が出てきてしまいます。

時々みんなから離れて精神エネルギーを充電しなければならないから、会話があまり得意じゃないと言って、席を外すこともあります。世間話から抜けられない時は、いくつか質問をすることで、ほかの人たちとその質問についてしばらく話をつづけられます。

6　言葉が伝わらない

言葉とコミュニケーションがさまざまな形で誤解される

話すことの仕組みだけでなく、誰もが「どのように」話すかを学ばなければならない。「どのように」話すかは、社会生活の中で暗示や示唆を受けて発達していくことになる。すなわち、何を言うことが許されて、何を言うことが許されないかといったことを感じ取り、コミュニケーションが言葉だけでなく話す人の精神や感情の状態を伝える方法を学んでいくのだ。

定型発達者はこうした情報を赤ん坊の時から受けとる。彼らのニューロン（脳神経細胞）はさまざまな経験を繰り返し、その経験を大概は無意識に、誰かの感情や心の状態を正確に予測しうるものに変換できるようになる。こうしてわたしたちの多くは意味の微妙な違いを感知し、言葉を介さない感情の手がかりを読み取り、意味があるものに変換する。

これとは対照的に、ジョリーは今説明した「どのように」話すかというプロセスの一歩一歩を、頭の中ではっきりと認識している。

ジョリー　僕は経験から学ぶことがうまくできないので、同じことを理解するのに何度も経験を積まないといけません。十分経験を積めば、ある時点でフィルター（濾過装置）や追加のメンタル・ループ[*1]が事前に設定できて、やっとそのことだと認識できるようになる。まったく同じというわけではないけど、みんな似たような考え方をするから、ほかの人たちによく見られる考え方は大変参考になる。

まったく同じことであれば、一度か二度学べば十分かもしれない。でも、たとえば誰かが誰かに何か言われて気分を害したり傷ついたりするというような、感情的なものが含まれている場合は、非常に深く意味を読み取らないといけない。感情的なものが含まれている時とそうでない時。会話が交わされているという事実以外にほとんど共通点がないようなふたつの状況で、同じような反応が起こることがあります。僕の場合、この違いを理解するためにいろんな例を見てみないといけない。ものすごく深い意味が含まれていたりすると、どんなに例を示してもらっても、僕にはまるで理解できないものもあります。

たとえば人種差別的な言い方はいつもほとんど同じだから、そんなに例を示されなくても、ああ、ここで誰かがほかの人に人種差別的なことを言ってるんだなと認識できる。でも、それより微妙なというか、たとえば誰かが誰かと話していてそっけない態度であしらわれるのを見たりすると、一体どういうことなのか、よくわからない。多少言葉が理解できなくなっても、そのぶん身振りの反応に気づけるよう、注意深くしようと努力しています。でも、何があったのか正確にはわかりません。いつもそんな感じ。どんな言葉が出たかも思い出せないし、覚えているのはその言葉が誰かに影響をおよぼした、ということだけ。

身振りで示されると、いつも会話がむずかしくなってしまう。何も言わなくても伝わるという意識がみんなにはあるのかもしれないけど、はっきり示してもらえない、それどころかおそらく思っていることと逆のことを言われたりすると、どういうことなのかまるでわからない。誰かに「大丈夫ですか?」とたずねると、大丈夫、と答える人もいるかもしれないけど、身振りは全然大丈夫そうじゃない。これは怖いです。だって、その人が言っていることとその人の手足の動かし方との間に断絶があると読み取れない限り、真実を語っているんだと僕は思ってしまうから。おそろしい思い込みをしてしまうかもしれません。能天気に、その人たちの気持ちを踏みにじるようなことをしてしまうかもしれない。本当に言いたかったことがわからなくて、さらに憂鬱にさせてしまうかも。そこで普通の人なら、「本当に? 僕でよかったら話してくれない?」というようなことを言うと思います。

誰かと一対一で話している時は、送信される信号も少ないけど、何人かで話しているより、その信号を受信できる可能性は高いかもしれません。何人かのグループで話している時は、誰かがおかしなことを言ったら誰かは笑ったけど、別の人は気分を害してしまった、ということがあるかもしれない。こんなふうに三人以上の人たちで話していて同時にいろんな信号が発信されると、すごく大変。僕が四人目のメンバーとしてその三人の会話を聞いているだけで何もしていなくても、僕は一度にいろんなところを見られないから、ひとりの人と話すよりずっと大変です。

言葉にされないことを認識することに加えて、言葉を大きな文化的文脈で理解することにもジョリーは苦労している。ジョリーはいろいろと質問するが、その多くは定型発達者のほとんどが会話をする上で基本的前提としてとらえているものを浮き彫りにする。ジョリーは知りたいのだ。

同じ英語なのに、どうしてアメリカとイギリスでは違う英語が話されるのか？　どうして有名人が言ったことは普通の人が言ったことより注目され、価値があると思われるのか？

みんなどうして他人が言ったことなのに、自分が言ったことにするのか？

どれも自閉症でない人たちも考えてみる価値のある質問だ。

ジョリー　いろんなルールを学ぶことができるけど、どのルールにも僕は意味を見出せません。文化や社会の取り決めにしたがってこうであると想定し、物事を無意識に行うことができるなら、万事迅速に処理できる。でも、僕はどうかと言えば、インターネットで

「社会の取り決め」みたいなものを探し出すこともできないし、そのいくつかを読んで「社会の取り決め」がどんなものか理解することもできない。どれも当然と思われていることだから、見つけられない。どれもみんなの潜在意識の中にあって、常に再編、再構想されている。どの社会の取り決めにもいくつかのバージョンがあって、それらが組み合わされてひとつの文化を作り上げているのかもしれない。でも、僕はすごく変だと思うんです。アメリカからイギリスに来た時、文化の違いに混乱しました。

人はみんなそれぞれ違うはずなのに、どうしてここではこの形で、別のところではまた別の形で行われるのかな？　そんなに離れていなくても、社会的な取り決めが違っていたりする。

理解できないです。そもそもどうしてそんなことをするのか混乱してしまうし、統一性がないからさらに混乱の度合いを深めているように僕には思えてしまう。まるでコンピューターを使うために電気コードを差し込みたいけど、差込口がどこか違うところにあるし、プラグの色も形も違うから、どこに差し込んでいいのかいつまでもわからないみたい。だから業界標準が作られて、みんな簡単に使えるようになった。でも、僕にとってのコミュニケーションはどうかと言うと、みんなは業界標準を理解しているのに、僕だけ「一体その業界標準は何？」と聞いているみたいな感じ。僕には標準がない。標準を定める会議に呼んでもらえなかったんです。僕はその業界団体のメンバーじゃないってことですね。でも、どうにかやっていきたいです。今も文化をよく観察して、十分注意していますし、大きな違いや変化がないことを望んでいます。

言葉の違いについて話していくうちに、社会全体がさまざまな言葉や考えをどう扱うかについて論じることになった。ジョリーはひとつの独立した考えとはどういうものか、持論を聞かせてくれた。同時に、どうして人は有名でない人の言葉には見向きもしないのに、有名人の言葉となるとただちに重要視するのか、と疑問を呈した。

ジョリー　人はどこかで何か言葉を聞くと、それを自分の言葉として口にするようになるけど、その思考回路が僕にはよくわかりません。あとで誰かに何かたずねると、どこかで聞いた別の人の言葉を繰り返すだけ。すでにその人はそれが自分の意見だと思っているんです。

誰かほかの人が言っているからといっても、その人のことは知らないはずなのに、どうして正しいと思うのだろう?

僕はある人がその考えを自分で思いついたかどうか、その人の能力がどうであれ、大体わかります。他人が考えたことを口にしている時は声の感じが違う。

みんなはほかの人の考えがどう提示されるかに応じて、反応の仕方も変えます。僕にはそういうことはできない。みんなはある問題と感情的につながっていれば、その問題に関して強い意見を持っている人に反応するかもしれない。でも、僕は熱のこもった話し方をしないからといって、その人がその問題に熱意を持っていないとは思えないんです。話し方が違っても、どちらも知らない人なら、僕はどちらも同じようにとらえてしまう。

言葉や言われたことに対する僕の反応は、多くの人たちの反応と大きく異なります。みんな会ったこともない人たちを前にしても、おかしなことに言葉巧みにその人たちを知っているような対応をする。これもよくわからないのですが、どうしてみんな有名人の言動をチェックするのでしょう？　どうして有名人の言葉はそんなに力を持つのかな。彼らが有名人で、有名人が言ったことだから？　有名であることはいいことで、人より頭がいい、尊敬されるに値すると即座に思われるのかな？　有名な人が言ったことを重要であると考えるなら、たとえほかの人が同じことを言ったとしても、それは重みがない、力もないということになってしまうんじゃないかな？

だから僕はみんなの反応は少しおかしいと思うんです。どうして知らない人のことをそんなふうに考えるのって、僕は思ってしまう。

リリック　ひとつの考えをふたつの精神でとらえる。どうしてそれがいいことなのかな？

ジョリー　受信した言葉についてすぐに意見を固めることができないからです。僕は話された言葉の概念がすべてジョリーのビーズに圧縮され、変換されるまで、理解できません。そうすることで自分を誰かほかの人と合併させる、あるいは自分の外にある考えと合併させるということじゃない。いろんな考えや物事を精神に取り込んでも、それぞれ隔離された状態になるから、ひとつの考えがほかの考えに感染して広がることはないのです。

そんなふうに隔離してしまうのはよくないと思われることもよくある。もし何かに対して二分した精神で対応すれば、二枚舌を使っている、不誠実だと思われたりする。ふたつの相反する考えが精神の中で遠く離れた状態に置かれているとしても、どっちかの考えを選んでもうひとつを消してないから、どっちつかずの中間にいるんだ、みたいに思われてしまう。そこで僕はやむをえず反応するわけですけど、それはたぶんほかの人たちのためであって、僕のためじゃない。

僕がほかの人とコミュニケーションをはかる上でいちばんむずかしいのは、この部分です。ふたつの考えは同じビーズの中にあるけど、まったく同じじゃないし、僕もふたつを同じように扱うわけじゃない。どちらかが正しく、どちらかがより重要かもしれない。

時々不思議に思うんですけど、どうしてみんなそれぞれ精神が異なるのに、いろんな考え方を同じように理解できるんだろう。理解すると精神が決まった形になるのかな。

ジョリーに意味がある十の語と、意味のない十の語を挙げてもらった。以下、ジョリーの一言コメントとともに示す。

意味がない語

1　ポッドキャストを聞いていたら、so[*2]という単語が人間のコミュニケーションにおいてどれほど重要であるか話していました。それを使えば、普通より複雑な考えも表現できるみたい。でも、特に関連なく使われるのであれば、意味がないと思う。この語がなくても、論理的な議論についていけるんじゃないかな。

2　擬音語、擬態語（オノマトペ[*3]）は理解できません。音そのものじゃだめなのかな？

3　cold feet（おじけ、しり込み、逃げ腰）や rain cats and dogs（雨が土砂降りに降る）といったイディオム[*4]。

4　人を罵ったり、罵倒したりする語。ただ大声で一言言うのではなく、いろんな語彙を使って自分がどれだけ不快に思っているか、徹底的に表現してほしい。

（意味があると思う語、意味がないと思う語をそれぞれ十例も挙げるのはきびしいです。）

意味がある語

1 「ぶらぶら歩く、散策する」の意味で使われる動詞rambleが好きです。僕は読んで字のごとくというか、特定のことと簡潔に結びついている語（descriptive word）[*5]が好きみたいです。rambleは「ぶらぶら歩く」ことを意味しますが、イメージが思い浮かびます。このようにすぐにイメージが浮かぶ語であれば、いつものイメージ変換作業が楽になります。こうした読んで字のごとくの語は、イメージをそのとおり与えてくれます。

2 「枕」を意味するpillowも好き。pillowに使われている文字は、oとwとpがそうですけど、みんなふかふかした感じ。なんだか枕そのものみたいで、面白いですね。

3 オノマトペは嫌いだけど、trill（名詞は「震え声、トリル、ビブラート」、動詞は「震え声（ビブラート）で歌う、発音する」の意味で使われる）みたいに音そのものを示す語は好き。そしてtrillは「鳥のさえずり」の意味でも使われる。不思議な語だけど、何か感じるものがある。

4 時々、意味がすごく限定されためずらしい語を目にします。

好きなウェブサイトがあって、そのサイトの管理者は、he, hot, for, that, one, beなど、一番よく使われる一〇〇〇の英単語しか使えないタイプライターのようなプログラムを書き上げました。そのプログラムで書くのはおそろしくむずかしかったけど、その気になれば一〇〇〇語ですごく複雑なことも書くことができる。でも、そのいちばんよく使われる一〇〇〇語の中に、僕が好きじゃないし、理解できない語がいっぱい含まれていました。これらの語は本当によく使われるから、用いられる文脈も頻繁に変化して、意味を突き止めるのがむずかしいです。

一方、めったに使われない語は何品かの料理にしか使われないスパイスみたいなものだけど、その料理に実にすばらしい風味を加えます。

でも、ほとんどの語は毎日食べてて、飽き飽きしている料理みたいなものかも。

5　「小川」(brook) は「流れ」でも「川」でもないから、すごく意味の限定された語だと思う。

話の語りの形式——地図やチャートで説明するのが効果的か？　それとも言葉で説明するのがよいか？

僕の考えでは、チャートや地図で説明するほうが、人間が話して説明するよりずっと効果的です。みんな地図を描く。でも、地図に言葉はほとんどいらない。いい地図を描いて誰かに見せれば、その人たちは、ああ、これはよくわかる、と言うと思う。すごいことです。それで誰かの理解力を高めたんだから。その人たちが頭の中の一部を使って地図を読み解いて、自力で理解したんです。無理に理解させようとしたわけじゃない。

リリック　フランス語とかスペイン語とか、ほかの言葉を学ぼうとしたことは？

ジョリー　高校でスペイン語を選択して、サウスカロライナ大学の言語科目でも大学レベルのスペイン語を一年受講しましたけど、スペイン語は話せません。母国語以外の言葉を学習するのはいいことだと思います。むずかしさに関して言うと、僕にはどの言語も同じです。スペイン語のクラスで隣に座っていた学生と、ある時話しました。

……頭の中で英語の声が聞こえるからすごくむずかしい、だからスペイン語が話せないってみんな言ってる。

でも、僕の頭の中ではスペイン語の声も英語の声も聞こえてなかったから、それは問題じゃなかった……。

それでも、みんなと同じで、僕もスペイン語を話すのはむずかしかった。スペイン語から学んだことがあるとすれば、ひとつはそれほど複雑じゃない、特にそれが何か示す記号のようなものがあれば、読むことはできるということです。そのスペイン語が何を意味するか、推測することができるから。

同じ英語でも、イギリスに行ったらひどいことになるだろう、イギリスではイギリス英語が話されているからすごく苦労するだろうと思っていました。でも、実際は予想よりもずっとうまくイギリス英語に対応できています。僕がアメリカ英語にもイギリス英語にも苦労しているからですけど。

ジョリーがよく突きつけられる仮説に、自閉症の人同士ならたがいに波長があうはずだから、定型発達者に対するより楽にコミュニケーションがはかれるはずだ、というものがある。だが、ジョリーはまったく逆であることに気づいた。どうしてふたりの自閉症の人たちが必ずしもおたがいにうまく話せないと思うか、説明してくれる。

リリック　自閉症の人たち同士のほうが、よい関係を築けるというか、すぐに心が通じあうということはある?

ジョリー　むしろむずかしいんじゃないかな。だって、コミュニケーションの手段は言葉であって、テレパシーじゃないから。言葉の橋を使ってほかの人とつながろうとして、その相手が自閉症じゃないなら、橋の半分はデフォルト設定で作動するとほぼ期待できる。でも、もし橋のどっちの側も、向こう側はデフォルト設定だろうと期待しているとしたら？　だけどそうじゃなくて、向こうにも自閉症の人がいる。すると、橋の片側だけじゃなく、両側に問題が生じる。これまでも自閉症の人と話すほうがずっと大変でした。だって、僕らはどちらも人とコミュニケーションを取ることに苦労しているんだから。でも、普通は大体うまくいきます。おたがいにこうだと思い込むこともないし、特定の言語を使うこともないから。そして世間話もほとんどしないし。

本では会話とは違うことが経験できる。ジョリーにとってはそうだ。ジョリーは言う。「本を読んでいると、会話をしている時のように精神エネルギーが消耗することはない」のだ。

『子供の世界史』[*6]という本を覚えています。すごくわかりやすく書かれていて、とても勉強になりました。本の中で物語が語られていて、著者は言葉だけで伝えようとしていました。目立たないけど、これが本のとても大事な特質だと思う。それまで母が話してくれることは理解できたけど、そんなふうに本から知識が得られるとは思ってなかった。でも、あの本はすごくわかりやすく、よく考えて書かれていました。すごく簡潔に書かれているから、純粋に物語を楽しむことができるのです。いろんなことが詰め込まれていたけど、無理なく入っていけました。これが僕にはとても重要でした。だって、それまでちゃんとした歴史の教科書みたいなものを十分に理解できたなんてことはなかったから。

『子供の世界史』の本を読んで、いろんな事実は、ほかのさまざまな事実とあわさることで、すごく面白くなることがわかりました。その本を読み終えたら、データポイント*7のような生データを膨大に取り込まなくちゃといつのまにか思っていました。物事をもっと知りたいと強く思った。学べば学ぶほど、腹が立つくらい知らないことが出てくる。でも知識を増やすプロセスが僕は好き。『子供の世界史』を読んでから、知識を増やすことはオンになっているスイッチをさらにオンにするというか、ギアアップするように感じた。もっと難易度の高いことをして、言葉をもっと知りたいと思うようになりました。

リリック　本と会話、どっちが好き?

ジョリー　あまりに単純な選択で答えられないです。もし一冊のいい本と今日の天気はどうかといった会話であれば、一〇〇パーセント、本を取ります。でも、何か興味深いことを話しているなら、本よりその会話をつづけたいかな。本は一方的に情報を与えられるだけで、変化するというものでもないから。書き手は自分の考えが最高だと時々思い込んでしまい、間違った方向に進んでしまうこともあるし。

面白い、予想もしなかったことが出てくる会話であれば、いいですね。でも、そんな会話でなければ、やっぱり本を読みたいです。

書き手の存在を感じない本はたくさんあります。ひとつのアイデアでも、SFやミステリーのようにすごく楽しいものでも、別世界に連れて行ってくれるような本には物語が存在する。会話でそんな要素は滅多に感じません。

映画で観たこと、本に書かれていることを引用する人もいますけど、僕にはできない。でも、何かを読んで、引きつけられて、楽しめたということであれば、何が書かれていたか、くわしく話せる。でも、僕は登場人物や場所などに関する描写は読み飛ばしてしまうことが多いです。自分が読んだ本が映画になったものを観ると、いつもびっくりしてしまう。何がどんなふうに見えるか、僕は映画で観られることよりずっと多くのことを頭の中で想像するからです。書き手は誰がどんなふうに見えるか、ものすごく精力を費やして本に書き込んでるけど、僕は今言ったようにそれを読み飛ばして、自分で想像している。

読書もそうだが、ジョリーは学習も独自のやり方で進めている。どうして一度読んだものを読み直すことはしないのか、講義中にノートを取ることはないのか、話してくれる。

ジョリー　一度読んだものを読み直すことはほとんどありません。一冊の本を集中して読んでしまうと、そのあと人生のどこかで読み直しても、新しく学べることはないと思います。一度脳に取り込んでしまうと、情報経路が貫通し、それ以上深く掘り下げることができないんです。何度か再読しようと思ったこともあるけど、僕の脳はそうするようにはできてないみたい。だから設定されていないことをわざわざ試みる必要はないと思う。でも、書かれていたことを思い出すことは確かにあります。そのあと誰かと話していて、どこかで書かれていたようなことを耳にすると、ああ、それ、確か本で読んだなと思い出したりする。

もっと面白いものが出てくると、脳の集中が途切れたようになる。何かを読むと、脳が即座に僕がしばらく考えていたことや、さまざまな問題とつなげていく。それによって気が散っているんじゃないかと思われるかもしれないけど、僕はもうテキスト以外のものに集中しているのであって、集中力の欠如だとは思わない。脳がオーバードライブで速度を上げて、興味を持った別の話題に向かったんです。

リリック　講義を聴いている時、ノートは取るの？　それとも話す時と書く時は脳を使い分けている？

ジョリー　僕にとっていちばんいいノートは、ノートを取らないことだとわかりました。ただ教授の話を聞いているほうが、ずっと効果的に学習できました。聞くことを中断して何かを書きとめると、思考の流れが中断されてしまう。そして話されていることを聞き取る状態に戻るまでに、すごく時間がかかってしまう。聞いたことを頭の中で情報に転換するのと、頭の中の情報を文字にして転換するのは、やっぱり違うかもしれない。だから授業を集中して聴く時は、頭の中でしっかりノートを取ります。

好きなこと、嫌いなこと

ジョリーは好きなこと、嫌いなことを、はっきり口にする。嫌いなものとして、ショッピングモール、ファッション、ケーブルニュースの討論などを挙げる。好きなことと嫌いなことをリストにしようとし始めた時は、ジョリーはそれほど興味がなさそうだったが、ふたりで楽しんで以下のリストを作り上げた。そして好きなことを十二項目、嫌いなことを十三項目、最終的にリストアップできた。そのあいだふたりともずっと笑いが止まらなかった。読者の皆さんはジョリーの好き嫌いにどれだけ賛成できるだろうか？

リリック あなたが好きなものを十、挙げてくれない？

ジョリー 個人的に好きなものを十、ですね？

1 ニュース媒体、特に新聞。
2 ポッドキャスト。
3 コカ・コーラ。
4 鳥。
5 広く、自然。

これでいくつ挙げたかな？

ジョリー　五つね。あと五つお願い。

リリック　わかりました。どんどん行きます。「自然」は挙げましたね。

6　コーヒー。

7　知っている人たちとコーヒーを飲みながら話すこと。知らない人たちじゃなくて、友達と。

8　オタク的な話題。

場所も挙げていい？（ええ、どうぞ）

9　サウスカロライナのコンガリー国立公園。*8

10　ウスターカレッジ。*9

コンガリー国立公園とウスターカレッジは本当に好きな場所です。コンガリー国立公園はアメリカの実家の近くにあって、ウスターカレッジはイギリスのオックスフォードにあります。

11　海洋地球学。とっても実用的だから。多元宇宙の研究などは僕にはあまり実用的じゃないかもしれない。科学への投資が社会に大きな利益をもたらすこともあるから、実用的でない科学を研究すべきでないと言いたいわけじゃない。でも、僕はあまり興味を持てないというだけです。中には多元宇宙を研究して楽しめる人もいるでしょうから、その人たちから話を聞ければ十分です。

12　マーティン・ルーサー・キングの演説はずっと好き。キング牧師の言葉には興味深い内容がたくさん含まれているけど、無理なくついていけるし、理解できる。いつもすごく大きな考えを話すけど、話しかける相手の状況を考えて、みんながわかるイメージを示しながら語りかける。それによって一人ひとりにこれまで経験してきたことを考えてもらい、その経験をアメリカの理想に結び付けてもらおうとするんだ。

リリック　じゃあ、嫌いなこと、できれば避けたいことを十、挙げてもらえる?

ジョリー

1　ショッピングモール。

2　コンサート。特に大音量の音楽コンサートは嫌い。好きな音楽はあるし、芝居なんかにも行く。

3　シュガー・フリーの飲み物は大嫌い。このあいだ、あやうくゼロシュガーのコークを買ってしまいそうになりました。

4　感情的な言い回し。これはすごく苦手。

5　知識人／評論家。大した仕事をしてないのに、自分の考えを人に押しつける。
6　意味のない会話。世間話がそう。
7　利己主義、特にエリート主義。いらつく。
8　動物やほかの人に対してやさしくない人。いろんな意味で自分より下だと見下しているんだと思う。
　今いくつ挙げました？　あとふたつ？（そう、あとふたつ）
9　花のにおいを嗅《か》がない人。
10　ファッションというか、流行の服はわからない。僕が何かいい感じに見えると思っても、母に「それはだめ、違うのにしなさい」と言われてしまう。
「どうして？」と僕がたずねると、母は言います。

「色がよく似ているからよ」

ズボンとシャツの色がよく似ているとだめみたい。柄の服を重ね着するのもだめ。どれもルールみたいなものがあるらしい。嫌いです。全然意味がないと思う。

　ジョリーは嫌いなものをさらに挙げてくれた。
11　ユーモア。
12　音楽。

13　ケーブルニュースの討論。

この三つがどうして嫌いか、ジョリーが説明する。

ジョリー　面白いスタンダップ・コメディ[*10]を見せてもらえれば笑うかもしれないけど、どうかな。ユーモアも友達と一緒なら、テキスト・メッセージでだじゃれみたいなことをやりとりするようなひどいものでも楽しめる。でも、コメディアンのショーだと、僕はそのコメディアンを知らないし、何の付き合いもない。笑えたとしても、心から笑えない。知っている人が笑わせてくるなら、きっと頭に残るものがあると思う。

母が時々ジョン・オリバー[*11]の番組や『サタデー・ナイト・ライブ』[*12]から面白い映像を送ってくれます。でも、ネットフリックスで何を観るかっていうと、コメディじゃなくて、ドキュメンタリーかな。

リリック　それは面白くないよっていうユーモアはある？

ジョリー　なんだ、それ？　って思うようなユーモアもありますね。人の外見やほんとに痛い目に遭っているのを笑い飛ばすなんて、まるで理解できない。『ルーニー・テューンズ』[*13]でワイリー・コヨーテ[*14]が何度もダイナマイトで吹き飛ばされるのを見て面白いですか？

え、そういう文化があるし、そこらへんの動物をダイナマイトで吹っ飛ばしたら面白いじゃんなんて、僕には異常としか思えない。テレビを観てると、誰かが転んだりつんのめって顔を強く打ったりしてるのに、後ろから大きな笑い声が聞こえてくる。全然おかしくない。その人、鼻血が出てるし、頭を打ってる。怪我をしている人を笑い飛ばす文化が社会に浸透しているのですか？　全然笑えない。そんなの、ユーモアなんかじゃない。

リリック　ほかにこれは楽しめないな、というエンターテイメントはある？

ジョリー　音楽はすごく聴くというわけではありません。好きな音楽でもスマートフォンで聴くようなことはしないと思う。礼拝堂の晩禱で流れる音楽はほんとに好きだけど、その音楽をスマホにたくさんダウンロードしてもらっても、きっと聴かないと思う。本を読んだり、テレビや映画を観たり、野鳥を見たり、ひとりで静かに考えたりするほうが、デジタル音楽を聴くよりずっと楽しめる。どうしてなのか、うまく説明できないけど。それからひとりで歌をうたって楽しんでいます。

デジタル・ポッドキャストは聴きたい。何か新しいものを学べるからポッドキャストをほんとに楽しんでる。大体、政治、経済関係のポッドキャストを聴いてます。ほかでは得られないような情報が得られるから、ありがたいです。

だが、ジョリーはケーブルニュースやニュースのトークショーなどの討論は受け付けな

い。

ジョリー　四人か五人の人たちがひとつのテーブルに着いて怒鳴《どな》りあうだけのニュース討論番組をどうしてみんな観たいのか、まるでわからない。一応、論点をいくつか挙げて討論するみたいだけど、よく考えて議論しているわけじゃない。どうして討論番組が放送されるんだろう?

討論は昔からよくわからない。何か議論し終えると、みんな、ああ、白熱した議論になったと言う。聞く人を引きつけるのかもしれないけど、議論における発言はどれも同じに聞こえます。どの討論番組もまるで理解できないし、何も学べない。

リリック　SNSはどう?　何か思うことはある?

ジョリー　SNSは特定の集団の思想やレトリックを助長するから嫌い。僕はどちらも好きじゃないし、このふたつが僕のコミュニケーションを最も妨げます。SNSではものすごく多くの人たちが巧みに言葉を使い、感情を刺激して、ネットユーザーの考え方を思い通りに操っている。オフラインで直接会って質問すれば、その人たちも答えないわけにはいかないだろうけど。

でも、話術を生業《なりわい》としている人たちは意味のない話を延々繰り返して聞く者を捕らえてしまう。最近の討論を見ていると、どちらの側も話がすごくうまくなっていますね。SN

Sを通じてその巧みな話術で多くの人たちに語りかけている。聞いているほうは誰かが自分のためだけに描いてくれた一枚の絵を見せられているような気持ちになります。でも、その絵にはいろんな悪意が込められている。

SNSがとてもいいと思うこともあります。多くの人にコミュニケーションの場を設けますから。でも、時にすごく有害だし、みんなおたがいにうまくコミュニケーションがはかれないことは明らかです。オンラインのやり取りを見ていると、SNS上で本気でコミュニケーションをとろうとしている人はいるのだろうか、と時々考えてしまいます。

7　個性は選択

個性について

世界と接する上での重要な鍵は、ジョリーの場合、自身の個性を通じてもたらされる。だが、彼の個性に対する見解は、多くの定型発達者とは異なる。個性は生まれつき備わっていると思う者がほとんどだが、個性は選ぶことができるとジョリーは考えているのだ。周りの定型発達者とよりよい関係を築くために内部で構築したことが、自分の個性に現れている、とジョリーは言う。そのようにして彼が選択した個性に、読者は驚くかもしれない。ジョリーは「徹底的に楽観主義でいく」ことを選んだのだ。

ジョリー　ほとんどの人の自己アイデンティティは、周りの環境と文化によって構成要素が形成されます。人が世界を形作るように、物事が人を形成します。でも、僕の場合、そうじゃない。何もかもつながっていないんです。僕の世界に対する反応は僕の知性が判断して調整するけど、世界と交流する場合はまったくうまくいかない。だって、世界が僕の知性向きに設定されてないんだから。でも、世界が僕を迎え入れるようにできてないなら、僕はなんでもしたいことをしていいということにもなるかな?

どのように生きるか? それについては僕の知性がどう判断するかによって決めています。僕を表現するには徹底的に楽観主義を取るのがいいと思っています。

みんなそれはおかしな生き方だと思うかもしれない。たいていの場合、障がいのある多くの人たちはやっぱり肉体的に苦しい状況に置かれてしまうだろうから。僕はそれと正反対の立場をとることにしたんです。変だと思われちゃうかもしれないけど、常に陽気でいようとしているんです。でも、それは僕の知性がそう判断したんです。僕らはみんないつまでも生きられるわけじゃないし、特に僕の人生は限られている。そんな中、どこまでも楽観主義でいることで、すごくうまくいっています。

僕は陽気で、まったく「ストレスがない」ように見える、とみんなに言われるかもしれない。僕は人の個性には感情特性が大きく関係していると考えていますが、思うに僕にはその感情特性がまったくないか、あったとしてもほんの少しでしかもほとんど抑えられているので、個性を変えられるんです。いつでも切り換えられるようにしています。こんなふうに説明すると、なんだか嘘っぽく聞こえて、おかしなふうに思われてしまうこともわかっている。でも、ほかの人は個性を最初から持っているけど、僕はそれを作らないといけない。もともと僕はドライで、動揺することはないし、理詰めのタイプだと思う。でも、大勢の中で、特に友達なんかといると、楽しく、陽気にすごせる。その性格の時は笑いすぎなくらいニコニコしてるんじゃないかな。脳がいつも笑っているようにと伝えるのです。しょうもないジョークやダジャレを飛ばす外向的な側面もあります。それに、話しているとみんなが聞いてくれる、演説用のペルソナ[*1]もありますね。なんだろう、仮面を着けているみたい。だって、それは本当の僕じゃないから。仮面を着けているんだ。

　みんなは言葉のほかに、性格を利用してコミュニケーションを取っている。僕もそうしなくちゃいけない。でも、僕には決まった性格がないから、いろいろ作らないといけない。そしてそれがかなりうまくできている。

　性格を作らないと、どんな状況でも同じ対応をすることになる。みんなはそうじゃないから、それは変だということになる。みんなは環境に反応できる。ほかの人に反応できる。あらゆることに反応できる。僕はそれができないけれど、おかしなロボットみたいになりたくないから、自分の個性や性格を作り上げるのがいいと思った。すごくまじめで、陽気で、知性もある性格、それから、楽しくて、バカもやれて、冗談も言える性格も持っておくのがいいと決めました。

　これらの性格を使わずにいると、言葉を使ううえでも問題が生じることがよくあります。たとえば母と話していると、ロボットみたいな反応になって、すごく冷淡な言い方をして母を傷つけてしまうことがある。そんな時、母は言ってくれます。

それはジョリーが言ったことじゃない。今の言い方がそう思わせただけ。そこでああ、僕は仮面をしっかり着けていなかったな、と思う。知的な議論で激しく脳を使う時も同じことが起こります。少しロボットみたいな対応になってしまうというか、声が一本調子になって、顔の表情もなくなってしまう。気をつけていないと、顔の筋肉を動かして表情をつけることができないからです。でも、大体なんとかします。それはとっても大事だし、無表情で声に抑揚がないと、何もかもうまくいかないから。

僕が性格を選んでいることは、ほかの人には話しません。おかしなふうに聞こえるだろうし、ある意味誠実ではないことだから。僕はほんとはそんな性格でもないわけだから、きびしく言えばみんなをごまかしているのかもしれない。でも、おかげで人との交流が少し楽になるんだから、まったく罪がない方法だと思う。

これまでずっと、抑揚のない話し方をすることは自閉症の特徴であるとみなされてきた。ジョリーはなぜそんな話し方をすることになるのか、説明してくれる。

ジョリー　僕は抑揚をつけた話し方をしないことが多いので、母と話している時などは、ぜんぜん気持ちがこもっていない、と思われてしまうことがあるかもしれない。ある時、母と何かの値段だったかな、すごくささいなことを話していて、まるで気持ちのこもっていない言い方になってしまい、母の考えはまるで取るに足らないと撥《は》ねつけたみたいに思われちゃって、ひどいことになってしまった。感情のないロボットみたいな話し方をして、母の気持ちを傷つけてしまったのです。でも、もう夕方になっていたから、僕は疲れていて、精神エネルギーもほとんど残ってない、と説明したら、母は僕がそんなふうに話すのも無理はないとわかってくれました。僕はもっとがんばらないといけなかったのに、それができなくて、悲しかった。

先ほどの質問に戻ると、みんな（自閉症の人たちの行動は）何でもかんでも自閉症だからだと考えようとする。でも、ごくわずかに見られる自閉症特有の症状となると、うまく判断できないことが多いんじゃないかな。先ほどの母とのつらい会話もそういうことかも。僕自身は想像がつくけど、ほかの人が僕の行動を完全に理解することも予想することもむずかしいし、僕が考えていることや考えていないことを判断するのも同じようにむずかしいから。

視覚や嗅覚

感覚の問題、殊《こと》に感覚統合[*2]は、自閉スペクトラム症の人たちにとっては往々にしてきびしいものになる。定型発達者が不快と感じる程度の刺激が、自閉スペクトラム症の人には大変な衝撃を及ぼすのだ。わたしたちはジョリーが何を見て、何のにおいを嗅ぐのが好きか、同時に何を見て、何のにおいを嗅ぐのが嫌いか、語りあった。それによって、彼にとってどんなに刺激が過剰にあふれているか考察できた。そのあとジョリーから、わたしがどうやって見ているか、という質問を受けた。

リリック　見るのが好き、見るのが嫌いというものはある？

ジョリー　あんまり言いたくないのですけど、超アートなものはだめかも。モダンアートや抽象派の作品は何か意味を見出すことが求められたりするから。兄のところの甥《おい》っ子なら、何か絵を見せれば意味を見出すかもしれない。ロンドンやパリの美術館で絵を見たりするけど、時々おそろしいと思う作品もある。アートは苦手です。もちろんいいなと思うこともあるけど、よくわからない。ある作品に魅かれることはあるけど、美術作品は僕みたいな考え方をしない人が、僕みたいな考え方をしない人のために作ったんだといつも思ってしまう。

　自然を眺めて楽しんでいます。特に野鳥や海の景色が好きです。

　人間の耳や目も見るのが好きです。耳を見るのが好きなのはどうしてかわからないですけど、みんな目で巧みにコミュニケーションをはかるから目を見るのは好き。目で人を欺くことは普通できないから、すごくいい。耳も同じじゃないかな。耳を大きく変えることはできないから。でも、あんまり言いたくないけど、耳に大きな穴を開《あ》けておかしなイヤリングをしている人を見ると、いい気持ちがしません。見なければいいんだけど、いつも目に飛び込んできちゃう。一瞬、ぎょっとしちゃうけど、ああ、ああいうものを着けている人がいるんだなと思って、冷静になれば大丈夫です。

ファッション、ヘアスタイル、そのほか個人的なスタイルといったものは、人それぞれでさまざまだから、あまり見たくない。

新聞は好きだし、紙面の段組みの幅や活字に感動します。すごくいいですね。どれも誰かがすごく注意を払って作り上げているはずだけど、ほとんど誰も気がつかない。新聞の紙面はすべてぴったり収まるように組まれて、すごくきれいに刷り上げられているから、ほんとにすごい。

変わった機械や、チェーンや、間に合わせに作られたいろんな愉快な装置[*3]なんかをインターネットで見るのが好きです。いつもすごく楽しくチェックしてます。ビー玉を長いコースに転がすような動画もたくさんネットに上がっていますね。それも観て楽しんでいます。

アメリカやイギリス以外の土地で撮影された写真や、ポリネシアのカヌーのような人類学関連の遺物を美術館で見るのも好きです。形もシンボルもデザインも、すごく興味を引かれる。見ていると気分が変わる。

群衆や肖像画を見るのは好きじゃないです。

リリック　好きなにおい、嫌いなにおいについて話してもらえる？

ジョリー　好きなにおいですか。鳥のにおいは好きです。特に羽毛。とってもいいにおいがする。

赤ちゃんのにおいを嗅いでみたことがあります。赤ちゃんはとっても不思議な生き物。変だし、ちょっとうっとうしいところはあるけど。でも赤ちゃんはほんとにいいにおいがするから、不思議。生物の本能にだまされているのかもしれないけど、それでもやっぱり赤ちゃんのにおいはとってもいい。

花のにおいは好きですけど、石鹸やシャンプーに付いている人造の花の香りは好きじゃない。人工の香りは本物と違うから、「嫌いなもののリスト」に入れてしまう。でも、「好きなもののリスト」には本物の花を入れたいです。何輪か花を持って帰って来てキッチンに飾ると、すごく気持ちがよくなる。クリスマスツリーの樹液もいいですね。嗅いだことあります?

リリック あるわよ。
ジョリー いいにおいですよね。いろんなスパイスがあるけど、シナモンのにおいもなぜかすごく好き。どういうわけかガーリックのにおいも。えーと、僕は好きなにおい、いくつ挙げました?
リリック 六つね。あとふたつ挙げてもらえる?
ジョリー お茶のにおいもいいなあと思ったりする。特にルイボスティーのにおいはすごくいいですね。ほかのお茶のにおいもまあいいけど、ルイボスティーはほんとにいいにおいがする。普通のキャンドル、ごく普通の蜜蠟《みつろう》キャンドルもいいですね。においがするキャンドルは大体問題ないけど、時々おかしなものもある。化学薬品が使われているからですね。でも、蜜蠟キャンドルのにおいはいい。香りというより、においが感じられる。

リリック　じゃあ、嫌いなにおいは？

ジョリー　デイジーには悪いけど、犬は濡れるとひどいにおいがする。ガチョウの糞《ふん》のにおいも嫌い。オックスフォードにはガチョウがたくさんいる。土の上では特ににおいがしないんだけど、ちょっと足を突っ込んでしまったりすると、すごく臭い。

人造の花と人工の香りについてはさっき言いましたね。ペパーミントやスペアミントのにおいも嫌いじゃないけど、区別がつかない。自然の木や花のにおいを人工的に再現しようとしても、大体うまくいかないと思う。少なくとも僕はいいにおいだと思わない。

ビールなどのアルコール飲料がこぼれたりすると、すごく嫌なにおいになる。コップに入っているときはあんまり気にならないのに、おかしなものですね。こぼれちゃうと、すごくくさい。

それからたくさん雨が降ると、下水のにおいが排水溝から上がってきて嫌です。

人間の体臭がミックスされてしまうのも耐えられない。かなり衛生的な人たちのはずなのに、すごくたくさん集まると、大衆のにおいしかしない。変ですよね、一人ひとりのにおいは問題ないのに、みんな集まると全然違うにおいになる。
腐った果物のにおいも嫌いだけど、腐っているかどうかは開けてみないとわからない。

ジョリー　僕が質問してもいいですか？　まばたきすると、黒いものが見えますか？　毎日してるような普通のまばたきをしてみてください。歩きながらまばたきすると、黒い小さな点が見えます？

リリック　いいえ、見えないわ。意識したこともないから。でも、今言ってくれたように見えるだろうかと考えたりすると、意識することになるから、見えるかもしれない。

ジョリー　意識だけしてもらえればいいんです。人は毎日目覚めている間、大体一時間はまばたきしていますが、そのあいだ脳が見えた物事をつなぎあわせているので、まばたきして目を閉じた瞬間の黒い空間を認識することはありません。でも、僕はまばたきしているあいだの黒い空間が見えつづけるから、まばたきして何か見落としてしまうと、「え、今の何？」って思ってしまう。気になるんです。僕はいつもそんなことを経験している。そこで意識をオフにすることができないから。

8　大切なこと

友情について

子供の頃のジョリーは、友達とうまく関係を築くことができなかった。友達は近所に住むジェームズという子だけだった。高校、大学に進学して、仲間ができた。だが、真の意味での友情を築くのは今もむずかしいことだと考えている。同時に、ジョリーの友情に対する誠実な思いを通じて、わたしたちは誰もがさまざまなことを考えさせられることになる。

真の友情とは何か？　友人に何を求め、おたがいの友情に何を望むか？　わたしたちはおたがいにとって、どんな友人だろうか？

リリック　人生で大事な人はいる？　どうして大事なの？

ジョリー　僕が昔から知っている人たちは、間違いなく大変な苦労をして僕と友達になってくれました。サウスカロライナには五歳の時に移りましたが、近所に住んでいたジェームズもその時五歳でした。五歳の僕と親しくしてくれる人はかなり限られていましたけど、ジェームズはそのひとりでした。通りの向かいに住んでいたナンシーさん（ジョリーの「祖母代わり」の人）もそうです。よく覚えていないのですが、ほかの人の話では、ナンシーさんはよく家にやって来たし、僕もよくなついていたみたい。最初のうちはナンシーさんの家に預けられるたびに、僕はそれが気に入らなかったようで、癇癪《かんしゃく》を起こして大変だったみたいですけど。僕みたいな人と付き合うのはすごくストレスを感じるから、誰もができることじゃない。

僕は男性より女性の友達ができることが多いかもしれません。どうしてそうなのか考えたことはないけど。たぶん、女性のほうが僕に話しかけやすいからかな。サウスカロライナ大学在学中は、先生も友達もほとんど女性でした。オックスフォードで仲良くしている人たちはどうかと言うと、あんまりスポーツが好きじゃないみたい。ここではみんなスポーツのことを話しているし、いつも何かしらスポーツをしてる人もいるけど。でも、僕の友達は大体みんな、自閉症のことは考えずに付き合ってくれていると思う。

リリック　何が友情を築くことをむずかしくしている？

ジョリー　僕はよく言われるように、波長というか、みんなと感じ方や考え方が違うから、僕のことが簡単にわかってもらえるとは思いません。友情が成立するうえで大きな部分を占めるのは、相手のことがわかることと、その人にとって何が重要かわかると感じられることじゃないかな。友情が築かれると、その人に関するいろんなことを知ることになり、その人がどんなふうに反応して、どんなことが好きかわかる。その人の性格も、価値観もわかる。

相手の信頼をある程度得られれば、ほかの人には知らせないことも打ち明けてもらえる。その人の傷つきやすい部分や本当の考えみたいなこと。世間話とはまるで違うもので、信頼が感じられるし、価値観が共有されるから、いつも大事にしたい。直接会わなければ得られないものだと思う。スカイプやビデオ通話でも得られるのかもしれないけど、やっぱり実際に会わないとむずかしい。少なくとも僕はそうだった。

第一印象で感じるものがあったという体験は僕にはないです。その人のことがわかるには時間がかかるし、写真を見ても何も始まらない。ほとんどどんな人とも話すことができるけど、ああ、この人のことがわかる、基本的なことだけじゃなくて、人柄みたいなこともわかるというくらいになるには、少なくとも七、八回会って、毎回最低二十分から三十分くらい話さないといけないかも。そうやって何か月かしてようやくその人のことが少しわかるようになると思う。

リリック　どうしてほかの人たちとの距離を感じるのかな？　ほかの人はジョリーのこと

がわかるのはむずかしいし、ジョリーもほかの人のことがよくわからないということがあるとすれば、どうして？

ジョリー　島が浮かんでいるのを考えてみるのがいちばんいいかもしれません。島は何の問題もなく浮いているように見える。僕がいる島とあなたがいる島のあいだに大きな隔たりはない。僕がいる島はとても小さい。でも、あなたはそこにいない。別の島にいる。僕は僕の島からあなたが見えるし、あなたもあなたの島から僕が見える。ある日僕もあなたも望遠鏡を手に入れ、それでおたがいを見ることができたとしても、僕らは別々の島にいて同じ地面には立ってないから、よく見えない。土そのものにそれほど大きな違いはないかもしれないけど、僕らは同じ地面の上には立ってない。僕らはどちらも土壌を調査する道具なんて持ってないから、おたがいの島の土がどれだけ違うかわからない。僕らにあるのは望遠鏡だけ。それでおたがいを観察するしかない。

リリック　あなたの島とわたしたちの島は同じ火山からできているから、地下を掘ってみれば、土壌は同じだとわかるということ？　それともわたしの島は違う火山からできていて、土壌もあなたの島のものとは違うということ？　同じように見えるかもしれない――確かにふたつの島はそれぞれの場所から望遠鏡では同じように見えるけど、同じ土壌の上にあるわけじゃない、ということ？

ジョリー　島はそれぞれ同じ火山が爆発してできたかもしれないけど、地質時代が進行するうちに分かれてしまう。僕の一部はこんなふうに言ってる。違う火山だから、化学的な特徴も大きく違うかもしれない。でも、僕のもう半分はこんなふうに言う。やっぱり同じ火山だ、でも別々に噴火したんで、離れたところにふたつの島ができた。ひとつはあなたの島で、僕の島よりずっと大きい。

　皆さんにしたら、みんな同じ島にいて、みんな同じものを持っているから、簡単にコミュニケーションを取ることができる。みんな同じように認識する意識も社会規範も文化も言葉もある。皆さんは考える必要はないのかもしれない。だって周りの人がみんなそんなこと考えていないのに、どうして自分だけ考える必要があるのかな？

リリック　感情を強く出す友達は大変？　論理的で節度のある人に惹かれる？

ジョリー　すごく変なこと言ってると思われるかもしれないけど、僕は両方のタイプの人たちとかなりうまくコミュニケーションが取れると思います。感情的になりがちな人たちは、僕がいつもよく話を聞いてると思ってくれるみたい。僕はその人たちに何が起こって感情的になっているのかよくわからないから、よく話を聞くんです。だからすごくいい感じです。僕は相手に今の気持ちを説明してほしいとたずねたり、気持ちを教えてくれてありがとうと言ったりするから、すごく喜んでもらえます。

　感情をそれほど表さない人たちには、僕も感情をそれほど示すことはありません。事務的な話をするだけ。だからその人たちともうまくやれます。僕は自分からこれをしたいということもなければ、何かできる技術もないから、むしろそれでどんな人たちとも大体うまくやれるのかも。
でも人とのコミュニケーションがあまりうまくないと、特定のグループとはうまく交流できないかもしれないし、そのグループに引き寄せられることはないかも。僕はどんな人ともうまくコミュニケーションが取れないけど、傍《はた》から見ている人にはわからないですよね。みんなは僕が誰とでも均一のレベルで話していると思うみたいだけど、それは僕が誰ともうまく話せていないということだと思う。

リリック　友情のどんな点が理解できない？

ジョリー　ひとつ、ほんとにわからないのは、どんな状況においても（たとえ相手を「追い越そう」としているのだとしても）、相手を自分の目標ではなく、目標を達成する手段として扱うことです。論理的に考えれば、みんな人に利用されるよりは、目標にしてほしいはず。でも、実際、非常に多くの人が、何かの目標を達成する手段として、ほかの人と会話をしたり交流したりしているように思えるのです。目標が二の次にされてしまうのですから、まったく理解に苦しみます。そうしよう、と選択しているのかな？　みんなよく考えた末にやっているとは思えないから、選択した結果じゃないのかも。でも、そこから疑問も湧きます。脳のどの部分がそうしようと決定するのだろう？

どうしてジョリーのネットワークは見つからない？

ジョリー　僕はいろんな意味で、典型的なローズ奨学制度で学ぶオックスフォードの大学院生ではありません。社会環境の問題があって、僕はネットワークというか、人のつながりを作り上げるのが苦手です。数か月ごとに、ローズハウスではミート・アンド・ミングル*1が開かれます。まさしく「会って、交流しあう」会のことです。みんなひとつの部屋に集まって親交を深めるのですけど、僕にはできない。結果として、僕はほかの大学院生よりもずっと知り合いが少ないかも。でも、一方で、ローズ奨学生の中にはよく一緒に過ごす学生もいれば、ボードゲームを一緒にプレイする学生もいる。コンピューター・プログラミングのグループにも参加しているから、自分から時々会おうと声をかける人たちも何人かいる。ローズハウスの守衛さんもスタッフの皆さんも知っている。十人ちょっとくらいかもしれないけど、よくわかっている人はいるし、その人たちととても有意義で面白い話もできます。

ほかの人よりコミュニティと触れ合う機会は少ないと思いますけど、これまで経験した交流では、とても大事なことを経験しました。だから今のままで十分で、今後大きく交流範囲を広げることはないと思う。だって、自閉症の人たちがミート・アンド・ミングルに歓迎してもらえるとは思えないから。でも、今後もそういう機会をぜひ作っていただきたいと思う。

自閉症の人の存在価値

自閉症について話していると、自閉症の人たちは自分たちとは違う、障がいがある、ということがよく指摘される。だが、ジョリーが終始明言するのは今の状態を変えたくないということだ。自閉症の価値について、そしてジョリーが世界と触れる上で自閉症であることがどれだけジョリーにとって重要であるか、論じてもらった。

リリック　ジョリー自身の考えのほかに、自閉症に対するステレオタイプなイメージが広く存在すると思うけど、このふたつの観点から自閉症をどうとらえている？

ジョリー　サウスカロライナ大学を卒業して、オックスフォードの大学院に進学することになった時、僕は自閉症で、ほかの障がいもあるからといって、ほかの人に僕はこうだと決めつけられることはないようにしようと思いました。僕は傲慢《ごうまん》なことを言っているわけじゃないと思います。最初から自分は誰かわかっているから。僕がみんなについて知らないことがあるのと同じように、みんなも僕について知らないことはある。でも、だからと言って、僕たちが同じヴィジョンを持ったり、団結して同じ目標に向かって突き進むことができない、というわけじゃない。

才能がある人が認められるのはいいことだと思います。自閉症でもサヴァン症候群[*2]の人たちの中には、ピアノや数学なんかで驚くべき才能を発揮する人たちもたくさんいます。

すごいことだし、称賛されるべきだと思う。「なんだ、この自閉症の人はサヴァンじゃないのか、それじゃあまり役に立たないな」なんてことにならない限り、問題ない。

僕は何か特別な才能があるわけじゃない。でも、だからといって、自分が才能のない自閉症だなんて思わないし、それほど頭も悪くない、でしょ？

でも、自閉症でもサヴァン症候群の人たちは大体肯定的に受けとめられるのがお決まりになっています。サヴァン症候群の人たちの魔法のような才能を目にすると、ひたすらすごいと思ってしまって、サヴァンの人たちと自分たちの違いが気にならない。だけどほかの自閉症の人たちを見ると、自分たちとの違いばかりが目についてしまう。サヴァンではない自閉症の人たちを普通に見ることができなくなって、その存在価値を認められなくなってしまうのかもしれない。

ジョリーは自閉症の感情移入（共感、エンパシー）はどんなものか定義し、彼らの感情移入はどうして感情をともなう必要はないと考えるか、説明してくれる。

ジョリー　自閉症に対する思い込みでほかにいちばんよく見られるものとして、自閉症の人たちはいろんな感情を違う形で受け止めるから、感情移入することはない、相手の考えや思いを想像して理解することができない、ということがあるかも。面白い指摘です。感情移入のようなものを、多くの人は文化的に考えようとします。こんな感じです。

自分は以前にそれを感じたからあなたに共感し、感情移入する。そして以前に感じた感覚が自分の記憶と感情を呼び起こし、あなたが感じているに違いないことに結びつけることができる。これが感情移入です。

僕にはこれはできない。でも、このプロセスが感情移入のすべてとも思えない。論理的な感情移入と呼べるものがあると思う。感情ではなく、思考に基づいて、相手に共感するのです。僕は誰かほかの人の状況を感情的には十分に理解できないかもしれない。でも、感情的なつながりにとらわれているほかの多くの人たちより深く、詳細に考え、判断することができると思う。むしろいつまでも考えていられるんじゃないかな。感情的なものが含まれた共感は、明るく燃え上がるけど、いつしか炎は消えてしまう。でも、何かについて考えれば、それが自分から離れなくなる。そうなれば、そのあと、同じ状況を共有していなくても、当人とそれ以上話さなくても、深く考えつづけることができると思うのです。

自閉症はこうだという固定観念をいだいている人は、「ああ、あの人たちは普通の人ができることができないじゃないか」とよく考える。自閉症の人に対するその考え方は正しいかもしれないけど、同時に僕がうまくできることを見落としている。論理的な感情移入が社会に受け入れられることはこれまでほとんどなかったと思うけど、みんなが考えるより意味がある。これは得意だけど、これは不得手、というくらいの微妙な違いなんだけど。

リリック　歴史上の人物のほか、近年の著名人の中にも自閉症であったと思われる人が少なくないとされて、その人たちの名前がいろんなところでリストアップされている。トマス・ジェファーソン、アルベルト・アインシュタイン、スティーヴ・ジョブズ、ミケランジェロ、モーツァルト、アイザック・ニュートン、ニコラ・テスラ＊3といった人たちの名前が挙げられている。そのリストや、そうした偉人たちが自閉スペクトラム症だったかもしれないとしてリストを作っている人たちのことを、どう思う？

ジョリー　誰かが自閉症かもしれないということを、どうしてそんなに気にする必要があるのでしょう？　ニコラ・テスラの発明はすばらしいものですが、テスラが自閉症かどうかなんて僕にはどうでもいいことです。ほかの人たちについても同じです。そのリストを見るかもしれないけど、それ以上思うことはありません。

フォローしているあるジャーナリストのツイッターのプロフィールに、「自閉症」とあって、ハッシュタグも付けられていました（#autistic）。それをクリックしてみて、みんなそうやって自分が自閉症であることを明かしているのだなと思いました。僕にとっては自分が自閉症であることが最重要情報というわけじゃないから、同じようにはしないかも。

リリック　自閉症であることをどうして知らせたくないの？　あなたにとって気持ちがいいことじゃないから？　それとも重要なことじゃないから？

ジョリー　僕には重要じゃないと思うからです。自閉症であると知らせることで感情に訴えようとしているのでしょうけど、単なるレトリックだし、魅力を感じることもなければ説得力もありません。でも、「ミートゥー」[*4]（#MeToo）のような多くの社会運動と同じで、確かに効果はあるんじゃないかな。たとえば僕のまわりの男性は、多くの女性たちがフェイスブックにハッシュタグをつけて「ミートゥー」の問題を投稿するようになるまで、事がどれほど深刻か、間違いなく気づいてなかったから。そう考えれば、同じようにハッシュタグをつけて自閉症を打ち出す（#autism）のも、すごく有益かもしれません。それをクリックすれば、自閉症の人たちも普通の人と同じように新聞に寄稿したりするんだってわかってもらえるから。たぶん端的に言ってしまえば、「アインシュタインやテスラやジョブズみたいな頭のいい人が自閉症だったらどうだろう？」ということです。たぶんみんなに注目してもらえるし、悪いことにはならないと思う。僕はちょっとどうかなと思っているけど、それがいい意味で使われるのなら、最終的にいい結果がもたらされると思う。

アメリカでもほかの国でもかなり多くの人が自閉症に悪いイメージを持っていると思う。だからそれに関していいことを伝えることで、わずかかもしれないけど、状況の改善が期待できる。

リリック　ジョリーはツイッターのプロフィールに「自閉症」と書いて、ハッシュタグ（#autistic）をつけたりはしない？

ジョリー　たぶんしないと思う。今はプロフィールには研究分野についての情報をもっと載せたいから。いつかそのハッシュタグを追加するかもしれないけど、それを入れるにはほかのものを消さなくちゃならないから、現時点で載せているものは残しておきたい。ツイッターのプロフィールに入れられる語数は限られていて、何を載せるかも考えないといけない。

リリック　自閉症にハッシュタグの付いた表記をいちばん先に見られるようにすると、ジョリーの生き方も #autistic と結びつけて考えられるようになる。そうなると、気分はよくない?

ジョリー　そんなことはないです。正直、ほかの人が僕のことをどう考えているか、そんなに気にしていないから。リーダーシップと倫理の観点から、ほかの人たちが全般に自分のことをどんなふうに思っているか知ることは役に立つと思う。自分が決意したことや実践したことが悪いふうに取られていないかどうか知りたい時は特にそうです。そこに注意を払っておくのは意味があることだと思う。でも、そう言いつつ僕自身はそういったことにほとんど注意を払いません。みんなのフィードバックをチェックして、やっぱり僕はバカじゃない、卑劣でもない、まずい決定をしたわけでもない、と確認するだけ。それ以外に、僕がすでに自分はこういう人間だと決めているのに、他人にあれこれ自分のことを決めつけられたくないんです。

リリック　ある自閉症の青年と話していたら、その人のお父さんが出てきて、自分の子に「自閉症の子がローズ奨学金をもらえるはずないじゃないか」と言ったの。ジョリーがそんなことを言われたら、どうする？

ジョリー　僕は自閉症だけど、ローズ奨学金をもらってオックスフォードの大学院[*5]で研究しています。本当は誰か別の人が奨学金をもらうはずだったのに、僕が優遇されて奨学生に選ばれたというわけじゃない。面接官の人たちが僕は奨学金をもらうのはふさわしくないと判断すれば、誰か別の人を選んだはず。同じ日に十人か十一人の候補者が面接を受けていたと思う。面接官の人たちが僕を面接して僕のことが気に入らなかったとしても、ほかに候補がいなかったわけじゃない。

百年以上のローズ奨学金の歴史において、僕のほかに少なくともひとりは自閉症の奨学生がいたはずです。でも、自閉症の人がいたとしても、当時は自閉症と診断されませんでした。統計的にはわずかな数だとしても、自閉症の人がローズ奨学生になることは可能なんです。自閉症の人がローズ奨学金を受けてオックスフォードの大学院で学ぶことなんてできないと言う人は、一体何が言いたいのかな？　僕はローズ奨学生になれました。自閉症でも奨学生になれたんです。だからそんなふうに言う理由が知りたいです。

リリック　自閉症でよかった、自閉症ではあるけどこれは変わってほしくない、というものがあったら、五つほど挙げてもらえない？

ジョリー　面白いですね。状況によっていいものにも悪いものにもなってしまうから、一概には言えないかもしれない。でも、今と同じように、感情はうまく理解できなくてもいいです。感情を頼りにしなくてすむから。いろんな感情がいろんな問題を起こすことをこれまで見てきました。でも、みんなも僕と同じように問題を解決しようとすれば、まったく問題が起こらなくなるんじゃないかな。僕はほかの人たちと違う場所で競技をしているみたいなものかも。そんな僕にいろんな感情を武器に攻撃を仕掛けてきても、僕には感情がないし、感情を読み取れないから、何の効果もない。

　とっても残念だけど、感情はこんなふうにすごくいろんなところで武器として使われていると思う。僕は感情知性が欠けてしまっているかもしれないけど、感情が武器として使われるのを何度も目にしてきたから、それを持ってないほうがずっといいんじゃないかと思ってしまう。

　もうひとつ、自閉症の僕が維持したいのは、人と違うふうに考えられること。違う場所で競技することがありがたいのは、今何が起こっているか、ほかの人の説明を聞くことができるから、二倍の情報が得られることです。情報をため込むことができるからうれしい。これは僕の楽しみのひとつで、そうやって毎日新しい情報を手に入れてます。違う平面にいれば、二倍の情報が得られるんです。

　言葉で気持ちよくコミュニケーションがはかりたいから、うまく話せるようになりたい。常同[*6]と言われる自閉症特有の行動は治せたらいいな。気づいたら手でいろいろ変なことしちゃってるから。髪をいつもぐしゃぐしゃいじったりしてるし、それが改められたらうれしい。

まだふたつしか挙げてないですね。もう少し考えてみます。

大変な思いをしたことは忘れたくないです。誰かに教えることがあれば、役に立つかもしれないから。このあいだ何かの童謡が流れてきて、母に「えっ、ジョリーはこの童謡、知らないの？」と言われました。それに対して僕は、うん、知らない、童謡は僕の記憶の一部になってないから、ほとんど知らないんだ、というような答え方をしたと思う。でも、そんなふうに小さい頃の記憶がないから、おかしなことですけど、後になって頭に入れることが僕にとってはずっと大事な情報になるんです。多くは最近になって知ったことだから、みんなすぐに引っ張り出せる。たぶん童謡のことが頭にないから、その空いているスペースに海洋科学や海の情報を入れられるんだと思う。そんなことってあるのかな？　でも、そうだとしたら、この能力は維持したい。それから、小さい頃はもっと大変だったし、多くの人たちと触れあうことはなかったからだけど、家族やジェームズやナンシーさんたちとその頃に築いたつながりは、僕にとってすごく大事だから残しておきたい。小さい頃に限られた人としか触れ合うことができなかったから、その人たちとのつながりがなおさら意味がある。その経験を通じて、家族や親しい友達が人生においてどれほど重要か、僕は学ぶことができました。

僕がローズ奨学生としてオックスフォードで学んでいるのは、世界が直面している諸問題を解決したいと強く思うからです。たとえすごいお金持ちになれるとしても、僕には何も解決できていない、諸問題を正常な状態に戻せないと感じてしまうなら、すごく暗い気持ちになると思う。ごくわずかだけど、今言ったような幼い頃のとても重要なつながりが、僕にそんなふうに思わせるのかも。

自閉症特有の振る舞い

覚えている限りでも、僕は「自閉症特有の振る舞い」というものをしているようですし、常同と呼ばれるものもしているようです。僕は髪を引っ張ったり、話している時に口や顔の前に手をかざしたり、肘を曲げて手をたたいたり、指をしゃぶったり、ところかまわず歌いだしたりする。小さい頃は年中、唇を引っ張っていて、血がすごく噴き出してしまったこともありました。唇の組織はとても繊細にできているからしばらく治らなくて、体まで壊してしまいました。こんな癖《くせ》がなかなかやめられない。ほかの人も多かれ少なかれ同じようなことをするけど、理由は全然違うと思う。

気候変動についての発表を母と妹が聞いてくれました。僕はいつも髪に手をあてて引っ張ったりしているし、話している時は手で顔を隠すようなことをしている、とふたりに指摘されました。でも、僕は全然気づいていなかったし、そんなことをしているなんて考えたこともなかった。緊張していたから、そんなことを思う余裕もなかったのです。発表にすごく集中していたから、無意識の癖を抑えるのに精神エネルギーをまわすことはできなかった。でも、そうでない時はマスキングする（覆い隠す）努力をする、つまり、こういう気づかずにしている振る舞いが出ないように注意しないといけません。

定型発達者がそうした僕の振る舞いを目にすると、僕が緊張していると思うかもしれないけど、実はそうじゃない。緊張しているように見える振る舞いを僕が頻繁にする時は、普段より気持ちがしっかりしていて、よく考えられるし、集中力もみなぎっている。いろんな刺激があってストレスを強く感じる状況だったり、すごく気が散ってしまうようなことがあったりすると、やっぱりこうした振る舞いをしてしまうことがよくあります。

たとえばすごく明るいライトがフロアに射すスーパーで、ものすごくいろんなパスタがあってどれに決めたらいいかわからないというような状況におかれると、ストレスを感じてしまって、気づけばデイジーに意味なく歌をうたって聞かせていたりします。映画館で映画を観ている時や、家で家族と一緒にソファに座って『シッツ・クリーク』[*7]や『The Office』[*8]みたいなテレビドラマを観ていると、話の展開が気になっちゃって、ほかのことが考えられなくなって、いつのまにか口に指を入れてしまっている。教室で教授の話を一生懸命聞き取ろうとしている時も、やっぱり指をしゃぶってしまう。自分でも気付いたらすぐやめるようにはしているんだけれど。家にいるときや映画館では母に注意されて、口から指を引っ張り出されることもある。どうしてそんなことになっちゃうのかな？

うまく説明できないけど、自動操縦で動く脳内装置が引き起こしているようにも思えるんです。

人前ではこうした振る舞いをしないように注意しないといけません。手をパタパタさせるのはまずいからペンをいじったり、デイジーをつないでいる革ひもを握りしめたりするようにしました。ペンや革ひもやそのほか小物であれば、いじっていてもそれほどおかしく思われないから。スーパーの中であれば、歌をうたっても大丈夫かも。でも、小さな声でうたわないとね。

定型発達者も時々同じようなことをするみたいですね。髪をいじったり、爪や唇を噛んだり、両手を上げたり。でも、定型発達者はすぐに違う行動が取れるし、自閉症の人よりずっと自然に見えるようにできる。いろんな音符が一緒になって曲を作り上げるのに似ているかも。定型発達者は同じようなことをしても、不協和音を奏《かな》でたり音が外れたりしているると思わせないように調整できてしまう。でも、自閉症の人がすれば、まったく違う音になっちゃう。交響曲のどこかに外れた音があるみたいで、耳障《みみざわ》りで、演奏が止まってしまう。僕は人にどんなふうに見られているかすごく気になるから、何か変なことをしていないかいつも注意している。大丈夫かな、こんなことをしたらまずいかな、と心の中でいつも自分自身にたずねているんです。

9 メッセージは一言、愛。

信仰について

ジョリーは信仰の人だ。ジョリーの信仰の考え方について話した。信仰がジョリーをどのように支え、どのような視点をもたらしたのか、なぜ彼は神を強く信じるのか、話してもらった。

「創造主を信じるのであれば、同時に無条件に求められるのは、創造主はお創りになったものをどこまでも深く理解されていると信じることです」とジョリーは言う。

であれば、神がジョリーを創り給うたということになる。ジョリーは異常な創造物などではなく、神の熟考の末に生まれ出《い》でし者だ。

ジョリーはまた、個人の信仰は感情によって突き動かされるものではないと強く信じている。その信仰は論理によって支えられているのだ。

ジョリー　僕の信仰は一〇〇パーセント論理的なものだと誰かに話したら、すごくびっくりされました。でも、その通りで、僕の信仰は感情に基づくものではありません。完全に論理と分析を通じてもたらされます。自閉症だから、信仰心が減じるということはないと思う。もしそうだとしたら、閉ざされるべきでない道が閉ざされている、とみんなに示してしまうことになる。神との関係は感情だけに基づいて形成されるものではありません。

多くの人が正しいと信じる信仰への道に入るただそれだけのために、何か別のものになるつもりはありません。だって、それは僕自身を否定することで、クリスチャンの立場からすると、自分自身の癒《いや》しの旅を否定して、もうひとりのよい自分になろうとするようなものです。

真に語りかけてくると感じられるのは、キリストの言葉です。言葉について言えば、僕は神が考えてくれたと思う。だって、神のメッセージは一言だけだから。

愛。

神のまっすぐな言葉。すごいと思いませんか。たった一語で伝えたいことがすべて伝わるのだから。言いたいことは一語だけ。すごい、と僕は思ってしまいます。言葉は少ないほどいい。僕みたいな自閉症の人にも、大切な教えが一語で伝わるんですから、とてもありがたいです。自閉症の人たちのためのすてきなご褒美《ほうび》みたい。一語ですべてわかる。すごい。

リリック　神の結びつきと神に対するジョリーの信仰は、何に基づいているの？　神と信仰の関係をどのように説明する？

ジョリー　神と、僕の神への信仰から、何か超自然的な援助を得ているかもしれない、と思うことがあります。僕の人生はほかの人の人生と比べたら最悪かもしれない、あ、言っておきますけど、もちろんその人たちからしたらですよ、それなのに、どうして平然としていられるんだ、と聞かれることがある。でも、自分の人生が最悪だなんて感じたことはない。悪いことも確かにあるけど、よいと思えることもある。悪いことも、よいと思えることも、同時に存在するんです。でも、どっちが大事かと言えば、やっぱりよいと思えること。社会のいろんなことがいつも悪い面ばかり注目されて、よいと思えることにあんまり目が向けられないのはどうしてかな。

　ほかの人たちにすれば、特に科学者や医療問題を扱っている人たちには、信仰がどうしてそれほど重要か、よくわからないかもしれない。でも、僕の場合、信仰によって人生でしたいことが再認識されて形成されただけじゃなく、考え方としてもとても実用的だったんです。

　僕の精神は、ほかの人たちの精神より、ある意味ずっと「平等」に機能します。すれ違う人たちを理解するために、観察していることを脳に取り込んで、それがどんな意味を持つか、割り出そうとする。でも、人間の意味は方程式で割り出せるものじゃないから、僕はいつも礼拝堂に向かう。

信仰はいろんな関係という点でも面白いと思います。僕はどんな関係を築いてもうまくやれない。でも、最良の関係を築けるものがひとつあります。

創造主を信じるのであれば、同時に無条件に求められるのは、創造主はお創りになったものをどこまでも深く理解されていると信じることです。

創造主と関係を築くために特に努力はいりませんでした。神以外のすべての人たちとの関係構築は、家族から友人、知っている人、知らない人まで段階があって、それに応じて難易度も増します。人との関係では、何が入ってきて何が出ていき、どのように関連しているのか、僕には理解ができません。

でも、神との関係はいつでも再接続できます。

いろいろな宗教を信仰する人たちにも会いました。それほど多くありませんが、クリスチャンがひとり、イスラム教とヒンドゥー教の信者がひとりずつ、すぐに思い浮かびます。三人とも満ち足りた感覚を持っています。宗教と信仰は、ある意味、自分の存在を超えた何かを考えさせるもののように思います。社会について考え、他人を助けようと思うのです。宗教を持たない人にはできないというわけではありません。もちろんできます。でも、僕の場合、どうして宗教が大切かと言えば、自分がどんな役目を果たすか考えることができるからです。そのために自分の血となり肉となる世界観と人生観と価値観を備えておくのがいいかもしれません。

ここから人生の旅における宗教の役割、殊にジョリーの旅における宗教の役割について、話しあうことになる。

ジョリー　サウスカロライナ州でいちばん高い場所はある山の頂上ですが、そこは実際は大きな丘みたいなもので、数時間で登れます。でも、すごく健康な人と違って、僕がそこまで登るのは大変なことです。はじめの半分くらいのうちは登るにはどれくらいがんばらなくちゃいけないかをいつも考えていて、そのうち半分とか、三分の二くらいまで登れると、疲れがピークに達して、それ以上疲れを感じなくなる。すごく疲れちゃって、一歩一歩登っていこうとか、たどり着くにはどれくらいエネルギーが必要なのか、なんて考えていられない。半分過ぎたら、とにかく頂上にたどり着くことに集中します。

何が言いたいかというと、目的地はそこだ、そこにたどり着けばいいことがある、とわかれば、旅は乗り切れるということです。そこまで登るのはある人にすればまったくなんでもないことかもしれないけど、人によってはすごく意味のあることになる。

このたとえは信仰にも言えると思う。キリスト教だけでなく、多くの信仰において、目的地がどんなものか知ることで、人生の旅路は一層魅力的なものになります。信仰を通じて、聖霊はいつもわが身とともにあると思うことで、重荷が少し軽くなる。自分の精神がこなさなくてはいけない膨大な作業を、ほかの人たちは自動処理できるのに自分は一つひとつ手動で処理しなくちゃならないと考えたら、すごい労力だし、複雑なことを考えるエネルギーなんて残せないから。

リリック　ジョリーのビーズを引っ張り出して、信仰に対するあなたの精神イメージを話してくれない？

ジョリー　宗教のイメージを思い浮かべると、教会も宗教も超越して、コンブのようなものが現れます。コンブは付着器《ふちゃくき》という真の根でなく物に付着するための根を備えていて、海底の岩などにしっかり張り付いて離れません。でも、その状態で海面までずっと茎や葉を伸ばします。葉は小さな気泡がついていて、それで浮かび上がることができる。コンブは何か根づいたものにしっかり張りついたまま、波の中を自由に漂う。いろんなところで流れが急に速くなったり、水面で大きな変化があったりしても、どこかに流されることはない。形が変わったり、動いたりするけど、本質的にはいつもそのまま。見る人によってそれぞれ違って見えるだけ。

リリック　お祈りはする？　どんなことをお祈りするの？

ジョリー　はい、お祈りを捧げます。オックスフォードでは、一日をお祈りから始めるのがいいと思って、八時十五分からの礼拝堂の早禱[*1]に通い始めました。朝はいつもすごく機嫌が悪いけど、これは楽しんでます。

英国国教会[*2]は興味深いことに、僕がこれまで属してきたどの宗派よりも礼拝を重んじます。早禱では毎回同じ話も出てくるから、心地よく耳を傾けていられる。どのように夜は過ぎ去り、どんな朝を迎えるかということも話される。事実を述べているだけだけど、聞いていて楽しいし、そうやって一日が始まる。イギリスは曇りや雨の日が多いけど、いつも新しい朝が訪れるし、予想のつかないことも起こる。そんな有益な話が聞けるから、朝から得した気分になります。

僕はほかの人とうまく話せますようにと祈ります。僕は人とうまく話せないから、うまく話せたらいいと思う。うまく話せないから、変なことにもなってしまう。うまく話すことは僕にはとても大事なこと。祈りのあいだ、自分の祈りが神に聞かれていると心にとめていれば、何も新しいことは言わなくていい。宗教の電話回線の向こう側には、すべて伝わっている。

祈りを捧げながら、ほかの人たちのことや、その人たちの生活に起こっていることも考えてみます。日々、すごく忙しく過ごしているので、忘れてしまうこともある。僕の脳が自動的に行う数少ないことのひとつは、脳が保存できる情報に優先順位をつけること。だから、人の名前や顔などを記憶するのはむずかしかったりする。

でも、誰かが心配事を聞かせてくれるようなことがあれば、それは記憶しておきたいです。そうすれば、次にその人に会った時にその話ができますから、有意義な会話を交わすことができる。僕ができれば避けたい「今日はいい天気ですね」みたいなことは言わなくていいし。そのためにはその情報を優先して保存しないといけない。その日がすごく忙しかったりすると、思うように記憶ができない。だからその人たちのことを祈ります。その人たちのことを思うことができるし、その人たちに安らぎが与えられたらいいなと思うからだけど、その人たちのことを忘れずにいるためでもあります。

それから僕が意識しないところで優先順位を決定している装置をオフにする。そいつが人間に関する情報の優先順位を下げているんです。なんでそれをオフにするかと言うと、僕は普段、人間に関するあらゆる情報を取り込むと、浮かべておいてみんなどこか見えないところに飛ばしちゃうからです。それによって大体頭が働くようになる。でも、人間に関する情報を記憶しておきたいと思う時も確かにあります。

リリック　キリスト教の教義のひとつとして、そして形は違うけど、同じようにほかの宗教の教義のひとつとして、弱者を守ることが使命であると聖典に記されていると話してくれましたね。この宗教の使命をどうとらえている？　ジョリーにはどんなふうに見える？

ジョリー　感情を欠いた人は冷たくて計算高いというよくあるイメージを、僕はいつも考えています。でも、感情が欠けているからといって、僕は冷たい人じゃないし、計算高くもない。これはたぶん、聖典に記された弱者を守る使命を見事に果たす方法になるんじゃないかな。多くの人は弱さを感情的にとらえてしまう。でも、キリスト教だけでなく、ほかの宗教でも、弱者は驚くべき力の源になりうると聖典に記されている。僕はいろんな弱さを抱えているけど、いつも誰かを助けたいと思っています。

問題の解決方法の中には、その問題を理解することと、それが発生している場面に一緒にいてあげることもあるんじゃないかな。僕には感情がないから感情の問題はまったく解決できないということは何度も経験してるけど、問題を理解したい、それが起こっている場面に一緒にいたいと思うことはできる。そうやって寄り添うことで、意味があることを生み出せると思う。僕はよく理解できないかもしれないけど、何が起こっているのか一生懸命観察して、たとえわずかでも何か学び取ることで、僕にもきっといいことがあるだろうし、ほかの人のためにもなれば最高だと思う。答えは解決することじゃなくて、そこに一緒にいてあげることだったり、何が起こっているのか理解してあげることだったりする。

ほかの人はみんな僕よりよく理解できるし、超高性能のレーダーを持ってる。僕のレーダーはポンコツかもしれないけど、いつもがんばって動いてるんだ。

人生の哲学について

当初、本書はジョリー・フレミングの心の回想録として、ジョリーが成し遂げたことを記すものになるはずだった。でも、わたしたちの会話はいつしか深く、大きく広がり、自閉症のジョリーが成し遂げたことよりも、自閉症であるジョリーはどんな人か考えるものになった。ジョリーは人生をどのように見て、どのように取り組んでいるか？　その視点と内なる羅針盤はジョリーに対してはどのように形成されたか？　どれもジョリーの状態と密接につながりあっている。ジョリー・フレミングという人を正確に伝えるために、わたしたちは同じ話を何度も掘り下げながら意見を交わすことになった。ジョリーと話をしながら、読者にもわたしと同じようにジョリーに質問してほしい、ジョリーの答えを聞いて、問い返し、よく考えてほしいと思った。ここなら見つからないとジョリーが思える安全な空間を彼のために作り上げて、自分のボートでそこにできる限り近づいてみたいと思った。

その安全な場所でジョリーと、言葉と伝え方や、感情を読み取ったり、誤解したりすることについて意見を交わした。それだけでなく、一体どんな基本的な特徴が地球上にいる八十億人近いわたしたちを人間にするのか、さらにふたりで論じあった。話はそれで収まらず、一体何がわたしたちを人間としてよりよい存在にするのか、気づけば話しあっていた。

周りの人たちをどうにか理解しようと日々苦労するひとりの若者が、二十一世紀を生きるわたしたちが直面する最難問のいくつかを解明しようとしている。

感情を表出し、熱烈な話し方を舞台の中心に据えると、長期的にどんな結果がもたらされるか、わたしたちは考えたことがあるだろうか？

感情を交えず、物事や情報を客観的に考えること（クリティカル・シンキング）[*3]の利点と実践を十分に検討しただろうか？

いろんな考え方を十分に受け入れているだろうか？

精神エネルギーを節約して使わなければならないひとりの若者が、わたしたちを観察し、定型発達者が脳内エネルギーを費やしているものには、過剰で、害をおよぼすものさえ少なくないのではないかと考えている。

この若者が言うとおり、わたしたち一人ひとりは、「それぞれの内部空間から」、世界に見られる不均衡を是正しようと試みるべきではないだろうか？

世界の不均衡を正常に戻すために、何から始めればいい？

第7章で「徹底的に楽観主義でいく」と話してくれたが、ジョリーは同時に実用的な理想主義も掲げる。賢い人たちは考えすぎずに、現実的な問題を解決することに注力すべき、というのだ。また本章で怒りをコントロールすることも話しあうが、「普通の人たち」にも自閉症の人たちが備える回路遮断機がおすすめだと言う。

本節のタイトル「人生の哲学について」は、よく考えてつけてみた。人生はジョリーに非常にむずかしいカードを引かせた。だが、そのあとジョリーは自己認識というエースを引き当てた。自己認識はジョリーからの贈り物だ。今わたしたちはかつてないほど崩壊した社会を乗り切る術《すべ》を探し求めているが、ジョリーはこの自己認識を共有してくれる。

「あなたも、僕も、誰もが世界の潮流を乗り切る力を体内に宿している」とジョリーは言う。脚に補助具を付けたこの青年は、波立ち、砂が吹き荒れる海辺にずっと立っていることがどれだけ大変なことか、正確に理解している。

ジョリー　ひとつ、聞いたことのある言い方があって、ここでそれを紹介するのがいいかもしれません。よくあることですが、感情に基づく会話は「泥仕合」になりがちです。でも、泥を投げつけても何も解決しません。だって、泥をつかめば手は汚れるし、足場を失うことにもなる。それで何かがよくなるということはない。感情的な言葉を他人に向けてぶつけているだけ。誰も問題から学び、問題に関する自分の理解を深めることはない。

ワクチン接種によって自閉症の子供が生まれてしまうと言っている人もいるようですね。みんな何を恐れているのか、理解できない。だからいくつか質問します。

僕が怖いですか？　それはどうして？

前提にあると思われることを質問してから、クリティカル・シンキングを一部オンにしてみる。つまり物事や情報を少し客観的に考えてみるんです。すると、状況は逆転します。かなり多くの人に対して、大衆操作の効果を逆転させることが可能です。真の解決策は、みんながこのクリティカル・シンキングを学校で学べるようにすることじゃないかな。社会はどこを見渡しても、クリティカル・シンキングが持ち込めないように設定されている。そして同じような偏った思想の集団にいつのまにか取り込まれてしまう。クリティカル・シンキングは人を不快にすることもよくあります。少なくとも僕はそう思う。自分を再評価しなければなりませんし、それで自分が間違っているかもしれないということにもなるから。

多くの人は中立であることを好みません。人に自分の意見を持つように求める。意見はいつでも変えられるからこそ有益であると、僕はいつも思っています。自分の意見が強いほど、それに固執すべきではないと思います。母に言わせれば、僕は頑固だということになりますが、そんなことはなくて、物事に応じて考え方をいつも変えられる。僕は議論する相手の意見にいつもすごく興味を感じてしまいます。多くの場合、それでは自分の価値観を備えていないと思われてしまう。でも、皆さんが価値観と意見を混同しているだけじゃないかな。

価値観は、哲学、体制、倫理に結びつけられる。一方、意見はもっと感情的で、状況に対する個人一人ひとりの評価に結びつくから、正しい場合もあれば、間違っていることもある。

リリック　思想の自由をどう定義する？　それはどうしてジョリーにとって大事？

ジョリー　僕が人生で成し遂げられることは、僕はいち個人であるという事実を考えれば、必然的に限られたものになる。それでも、僕の内なる運命を決める自由を僕は確かに備えている。あなたも、僕も、おたがい内部に確固たるものを備えているから、世界の潮流に流されることはない。

潮の流れに流されないように内部に確固たるものを保持することは、あらゆる人に与えられた大いなる自由の象徴。当然、思想の自由はこれを伴う。今の時点ではあの不気味なＡＩ（人工知能）みたいなものを備えた人はいないから、誰も自分の思想の中に入れさせないという自由をみんな手にしている。一人ひとりの思想は強力で、ひっくり返すことができない。ひっくり返せないものはほとんどないかもしれないけど、これはその数少ないひとつ。僕はそう思う。

思想の多様性も、ひとつの集合体になることで、非常に価値あるものになる。みんなそうだけど、自分以外のすべての人に同意すれば、服従することになる。服従には普通、順応性はないけど、多様性にはそれがある。考え方の違う人たちに賛同できない時も、共通の意味が見出せる。誰かを見て、こんなふうに言うかもしれない。

「ああ、あの人はこれだけの資質を備えていて、どれも重要だとわかっている。それならあの人たちの人生の旅はきっとこれから変わっていくに違いない」

みんなそれぞれできることとできないことがあるから、その人たちのために作られた、その人だけが使うことのできる道具を一式与えられている。だからみんな自分の道具一式をすごく大事にしないといけない。

自分の道具や思想が一式そろっているなら、変化を起こすのに必要なものはすでに全部手に入れている。それを使って、世界にこんなことを起こしてみたいと思うことをしてみればいい。少なくともやってみる価値はある。成功する保証はないけど、少なくともそれに向かってがんばれる。

リリック　ジョリーは世界を変えたいと本気で思っている。世界を変えるために、一人ひとりが、そして何人かが一緒になってできることはある？　どこから始めればいい？

ジョリー　サウスカロライナ大学在学中は、主にメンター（教育係）になる人たちを指導する授業運営を手伝っていました。そこではメンター養成のいい連鎖反応を作り出せていたと思う。インストラクターと組んで、学生が問題を解決できるように手伝うのですが、模範を示すことも求められます。模範を示して指導にあたるのはとても重要ですが、まだ十分に活用されていないと思う。リーダーを何人か見ていると、まだこの人は模範を示して指導する段階にないと思うことがある。僕はその人たちの感情を見て判断します。さまざまな感情に対して、みんなそれぞれの感情で反応する。倫理的でないことに対しては、自分たちも倫理観を欠いて対応する。僕には信じられません。

僕らが住む世界には人々が作り上げた権力の構造が存在していて、ほかの人たちは押さえつけられている。何もしなければ、現状が変わることはないですよね？　よくない状態なのに、どうして何もしないのですか？

やさしさがないのが問題だと思うのなら、どうして自分のやさしさを示さずに問題を解決しようとするのですか？　自分の内部空間から、世界に見える不均衡をどうやって修正したいか、考えてみることです。一切反応しないというのも反応です。選択肢のひとつです。

同じことを何度も繰り返したり、ひとつの問題にほかの問題を適用したりして解決を試みても、うまくいかない。とにかく問題を突き止めて、解決策を探らなければ。常に自分が解決方法を生み出す必要はないですよね？　どこかから学ぶこともできるし、いくつかの解決方法を組み合わせることもできる。でも、それをするにはほんとにいろんなことをしないといけない。人とたくさん話さないといけない。みんなを鍛えないといけないし、それができればたくさんの人に自由に参加してもらえるはずです。

自閉症でよかったと思うことのひとつに、僕はこうだという型も特徴も一切ないことがあります。ほかの人たちはイデオロギー、文化、アイデンティティなんかにとらわれていますけど、僕はその人たちにはできない方法で、その人たちがどこから来て、どんな背景を持っているか、大体見当をつけることができる。彼らにはまずできない。僕は自分はこうだという型も特徴もないから、感情を交えず、頭で判断して、みんなに共感を示せるんだと思う。

怒りの問題について、個人として、社会として、公の場で話す時はどうしたらいいか？　ジョリーが話してくれる。

ジョリー　僕は半年以上前に起こったことも話すことができます。みんな忘れてるけど、僕は大体覚えている。忘れることができない。僕は忘れられないという感覚をうまく人に説明できない。

でも、みんな少し時間を取って、周りで起こっていることを心に留めてほしい。あの花はどんなにおいがするだろうかとか、自分はどうしてこんなに速いスピードで歩いてるんだろうかとか、いつも考えられるようにしておかないといけない。

どうしてこの人とまったく意味のないことを話しているんだろう?

もう終わったことなのに、どうしてこんなおかしな気持ちが心の中にどこからともなく湧き出してるんだろう?

ばかみたい。

みんなそんなふうに考えられるようになってほしいです。

僕はスマートフォンのフェイスブックのアプリを削除しました。フェイスブックで流れてくるのは政治のことばかりだし、同じ話が何度も永遠に繰り返されてるだけ。誰も気持ちを変えることはないし、有益な事実が新たに書き込まれることもない。みんな自分の意見をひたすら繰り返す方法を探しているだけでした。

時々周りを見まわしていると、ほかの人とうまく話せない人がたくさんいることがわかる。その人たちは自閉症は障がいと思うかもしれないけど、僕は少なくとも自分がほかの人たちと話せないことはわかっている。いろんなところで怒りを目にすると、こんなふうに言いたくなる。

「ねえ、みんなも全員、障がい者じゃないかな。みんなまったく同じだから、気づいてないだけだよ」

僕はある問題を変えられないし、みんなも変えられないってわかる。でも、次に怒りを感じた時は誰もが変えられる。

ほんの五秒、精神を巡らせて、どうして怒りを感じるのか、誰に怒りを覚えつつあるのか、いくつか心の中で自問自答してみるのがいいかも。そうすれば怒りを抑えられるかもしれない。それをするのはとてもむずかしいってわかっている。怒っている人を見てきたけど、何もかもすごく速く進行して、たったひとつのことを自問自答する時間もない。気づいたら別のことに怒りを感じてしまっている。

でも、手に負えないたくさんの感情を止める回路遮断機をインストールする必要があります。自閉症の人たちには自閉症の回路遮断機があるけど、僕はそれを定型発達者の皆さんに作ってあげないといけない。

リリック　人工知能の「セールスポイント」のひとつに、感情がないことがある。感情を持たず、合理的で、さまざまな計算をこなすとうたわれている。それは自閉症のことを言っているのかも、とちょっと思ったりする？　少なくとも感情を交えることはない、という点は同じだと思う？

ジョリー　自閉症の観点から僕に見えることのひとつは、イデオロギーや感情にはいつも危険性がついてまわる、ということ。でも、あらゆる感情が排除された完璧に合理的な人工知能が、自閉症でない人たちにとって最高である、とは言いません。みんなイデオロギーや感情に支配されているから、人工知能に破壊されずにすんでいるんだと思う。イデオロギーや感情を完全に切り離せるほど、人は強くない。

リリック　どうして？

ジョリー　もし今ここで、みんながそれぞれ備えている力をすべて取ってしまえば、弱さしか残りません。僕はこれまで自分の弱さに折り合いをつけて、強さを作り上げなくちゃならなかった。でも、自分が弱いのは誰かが強いからだ、だからその人の力を奪ってしまえばいい、と考えるのは、正しいことじゃない。いくつかの統計によると、百年先には人間の仕事の一〇パーセントから五〇パーセントは自動化されるそうです。それによって、良いことがたくさんもたらされるでしょうけど、何もかも変わってしまうかもしれない。まだずっと先のことだから、今は何とも言えない。でも、自動化にも問題がある。自動化によってほかにどんなことがもたらされるか、十分に考慮されないまま、万事決定されてしまう。僕には皮肉なことだけど、感情も一切斟酌《しんしゃく》されず、自動的に決断が下されてしまう。

だって、経済的には、何も考えずに全部自動化してしまうのがずっと効率的だし、利益も産み出せる。でも、みんな仕事を失ってしまうのであれば、あらかじめ手を打たないといけない。自動化によって作り出される高収入の仕事に就くには高学歴で高い専門技術が必要。障がい者や、きびしい環境に置かれている人にはなかなかむずかしいし、違う仕事についていた人たちが対応できるとは思えない。

技術と人力が交錯《こうさく》する時、人はあんまりうまく立ちまわれないのかもしれない。「大丈夫、皆さんを再研修しますから」みたいことを言うけど、それって自分にはまったく手が届かない、本当にどうにもできない力によって今の生活が破壊されようとしている人にすれば、すごく侮辱的な言い方じゃないかな。「カウンセリングを受けてもらって、再研修に参加してもらえば、必ず対応できます」みたいなことを言われるんだから。

今の世界は一七〇〇年代より悪いとは誰も言わないだろうけど、今後も何の心配もないというわけじゃない。

リリック　これからの人生をどんなふうに思い描いている？　ジョリーにとって何が重要？　どんな原則を持って生きていきたい？

ジョリー　ただ、後ろの席に座ってあれこれ考えるだけの人にはなりたくないです。僕は考えることは好きだけど、あれこれ考えるだけの人が多すぎるんじゃないかな。逆説的ではあるけど、頭のいい人たちにもあれこれ考えるだけでいるのはやめてほしい。

あるところで、あれこれ考えるのをやめて、前に向かって歩き出さないと。やりたいことを見つけて、やってみなければ。

オックスフォードには、アメリカの歴史より古い樹木がある。でも、一日咲いて、次の日には枯れ落ちてしまう花もたくさんある。ひとりの人間の人生を思わせる美しさです。ここに一日いて、次の日にはいなくなってしまう人もいるから。みんな寿命より長生きできるといつも思ってる。でも、その保証は誰にもない。

自然にたとえてそんなことを前向きに考えてみるのはとてもいいことだと思う。僕は永遠に朽ち果てることのない威厳のある樹木にはなれない。でも、僕が世界に示せる考えがあると思うし、世界に対してできることもあると思う。その中のいくつかは、僕がこの世を去った後も、意味があるものとして存在しつづけるかもしれない。

歴史的遺産を思わせる樹木にはなれないかもしれない。でも、思い出に残る、楽しい花にはなれる。だから悲しんでいる人や、気持ちが落ち着かない人がいれば、行って助けてあげたい。忘れられてしまうかもしれないけど、何かを伝える花にはなれる。花だって、立派な樹木だって、同じように驚くようなことができる。だからどちらもしっかり目に焼きつけておかないと。

だって、僕らはみんな地球で生活している。このことを真剣に考えれば、地球上の全生態系の中で、みんな常に支えあわなくちゃいけない。僕ら人間は酸素も作り出せない。僕はひとりじゃ生きられない。みんなもひとりじゃ生きられない。誰もひとりじゃ生きられない。

10 日本版附章「ジョリーは今」

本章は訳者上杉隼人がジョリー・フレミングにインタビューしてまとめた、日本語版オリジナルの章となる。

現在は母校サウスカロライナ大学の研究員を務めるジョリー・フレミングさんに、『「普通」ってなんなのかな　自閉症の僕が案内するこの世界の歩き方』出版後の日々や今取り組んでいることのほか、日本への思い、相模原障害者施設殺傷事件の悲しみや、東田直樹さんの言葉についても語ってもらった。

インタビュー動画はＹｏｕＴｕｂｅチャンネルに上げてある。ぜひご覧いただきたい。[*1]

上杉　二〇二一年五月にジョリーの『「普通」ってなんなのかな』が発売されて世界中でベストセラーになりました。どんなふうに感じていますか？

ジョリー　初めまして、ジョリー・フレミングです。よろしくお願いします。上杉さんと話ができて、こうして僕と僕の本のことについてさらにお話しできて、とてもうれしいです。そしてまずこの質問から始めていただき、ありがとうございます。

僕が一冊の本を世に送り出したなんて、なんだか不思議な感じがします。表紙に印刷された自分の名前を見ると、ここに詰め込まれたあらゆることを思い出します。さらに僕の本を新しい読者に届けるお手伝いをしてくださった上杉さんも含めて、本を読んでくれるすべての人たちのことも思っています。

僕は本の魔法を強く感じるけど、本は著者である僕だけのものじゃない。だからみんなのことを思い浮かべるのかも。僕がやろうとしたことだけじゃなく、『「普通」ってなんなのかな』をこれから読んでくれる人たちのことも、その人たちが『「普通」ってなんなのかな』から何を読み取ってくれるかということも、同じように考えています。

僕の本について、僕はどんなことを感じているのかな？

やっぱり読者の皆さんのことや、皆さんが僕の本からどんなことを読み取ってくれるか、考えただけでワクワクします。

時々読者の皆さんと触れあう機会がありますし、その人たちが伝えたいことを直接聞かせてもらえることもあるのです。

いつもそうですけど、僕は読者の皆さんと皆さんが僕に差し出してくれるものから学んでいます。同じようにこの本を通じて僕も皆さんに何か与えられたらいいなと思っています。

上杉　信頼できる編集者でライターのリリック・ウィニックさんは傍にいてくれましたが、ウィニックさんが本書でも言っているように、『「普通」ってなんなのかな』の出版はとても大変なことだったと思います。でも、同時にジョリーもウィニックさんも本書の制作をとても楽しく進めることができたようですね。ジョリーは「好きなこと、嫌いなこと」のコーナーなどでは面白いことを言っていて、訳しながら思わず笑ってしまいました。『「普通」ってなんなのかな』の執筆でいちばん楽しかったことと、いちばんむずかしかったことについて話してもらえますか？

ジョリー　そんなふうにご質問いただき、とてもうれしいです。というのは、『「普通」ってなんなのかな』はほかの多くの回想録とは異なると思うからです。ほかの回想録に見られない形で、僕と僕の物語に関する情報が詰め込まれています。

リリックと僕は読者に僕の心の中の視点を伝えようとしたのです。それはふたりにとってとてもむずかしいことでした。

僕の心の中の視点みたいなものを読者にとって意味のある形でまとめるにはどうしたらいいいか？

本書を通じて読者に旅を続けてもらうにはどうしたらいいか？

旅の終わりに、読者が僕のことを知り、僕の経験を通じて自閉症について少しわかったかもと感じてもらえるものにするにはどうしたらいいか？

読者に僕の心をのぞき込んでもらい、そこで出会うものにも目を留めてもらうにはどうしたらいいか？

どれもすごくむずかしいことでしたが、楽しく進めることができました。

リリック・ウィニックとの共同作業も、僕にとっては大切でした。リリックと一緒に本を作り上げることができたから、読者は僕の心の中に入り込むことができるのだと思います。

個人的にもリリックと時間を過ごせたのは、すばらしい経験と思い出です。

本書の原稿作成は僕がイギリスのオックスフォードの大学院に留学していた時に進めました。オックスフォードにいる僕をリリックがたずねてきてくれて、一緒に古い建物を見てまわったりして楽しい時間を過ごしました。

ある日、リリックと大学の植物園を訪れました。気持ちのいい日で、僕たちはベンチに腰をおろしてしばらくおしゃべりを楽しんでいました。でも、通り過ぎる人たちがこっちを見ているような気がします。みんなこっちを見ているかも……。

とうとうある人にこんなふうに言われました。

「すみません、そろそろベンチを空けていただけませんか？」

そのベンチはフィリップ・プルマン[*2]の小説に出てくる有名なベンチだったのです。プルマンの代表作『ライラの冒険』三部作[*3]には、このベンチが出てきます。

みんな僕らが座っていたベンチに腰掛けたくて、植物園を訪れていたんです！　リリックも僕もあのベンチがそんな由緒あるものだとは知らずに、のんびり過ごしていました。そんな大事なベンチとは思いもせず、お互いのことを知ろうとあれこれしゃべっていたのです。

『「普通」ってなんなのかな』には確かにむずかしいこともありましたけど、今思い返してみると、そんな楽しい思い出がまず思い浮かびます。

上杉　ジョリーの「僕たち（自閉症の人たち）が同じヴィジョンを持ったり、団結して同じ目標に向かって突き進むことができない、というわけじゃない」（203ページ「自閉症の人の存在価値」以下参照）といったすごく肯定的なコメントや、障がいを持つすべての人々に対する限りない思いやりの心（204〜205ページ）に、いつも感銘を受けています。

地球上のすべての人類の理想的な状況や目標は何だとお考えですか？

ジョリー　僕らは誰もが存在価値があると信じます。

僕がいちばん楽しんでいるのは、ひとつには僕の知らないことをほかの人から学ぶことです。

一方で、自閉症の僕にはむずかしいかもしれませんけど、人生においてほかの人たちと交流を重ねることで、こんな僕も人が知らないことを知ってるんだと気づくことが何度もあります。

このふたつが完全に重なることは滅多にないと思います。

みんなが知らないことを僕が学び、僕が知らないことをみんなは知る。

そんな状況を作ることで、たくさんのことが学べますし、考えたこともなかったことを楽しく考えてみることもできます。何かを笑ったり、何かに驚いたり、何かに興味を示したりすることができます。

僕のさまざまな障がい、つまり自閉症のほか、いくつかの身体障がいや疾患を考えると、いいこともあれば、むずかしいこともあります。

まず、僕は誰であるか?

世界で僕はどんなことを経験するか?

周囲の環境や人々にどのように触れるか?

こうしたことをともに考えることで、理想的な状況が生まれるように思います。

これは自閉症である僕にとってはすごくむずかしいことのひとつですが、皆さんと一緒に考える機会をもっと持ちたいです。

ほかの人たちに与えてもらい、ほかの人たちに学びながら、一方で僕が与えられることもある。

そんな交流がいつもうまくいくわけじゃないし、最良の方法じゃないかもしれない。でも、僕らがそんなふうにもっと触れ合うことで、ともに学び、驚き、刺激を受け、周囲の環境や社会に影響を与える機会も増すと思うのです。そうなったらいいですね。

上杉　二〇一六年七月、神奈川県相模原市でおそろしい事件が発生しました。自閉症の人を含む障がい者の福祉施設で、十九人が死亡し、二十六人が負傷し、十三人が重傷を負ったのです。容疑者は二十六歳の男性で、この福祉施設の元職員でした。容疑者は二〇二〇年三月に死刑判決を受けました。わたしたちは容疑者の「意思疎通のとれない障がい者は安楽死させるべきだ」「日本と世界平和のためにやった」「重複障がい者が生きていくのは不幸だ。不幸を減らすためにやった」などというおそろしい発言の数々に、深い悲しみと怒りを覚えました。

わたしたちと同じように、ジョリーがこの事件が起こってしまった事実を受け入れるのがどれほどむずかしいかわかります。でも、この決して容認できないおそろしい事件について、何か一言いただけますでしょうか？　ジョリーの言葉が犠牲者と家族の気持ちを和らげます。

ジョリー　犠牲者の方とご遺族、そして犠牲者を愛していたすべての人たちに、心よりお悔やみ申し上げます。

この悲しい事件は、これまでも歴史の中で悪いことが起こり、悪が今も存在する事実を僕らに突きつけました。

ですが、僕は古代に人間がどんなところに住んでいたか調査し、そこで障がい者たちがどんなふうに扱われていたかを明らかにした考古学者たちのことも考えています。[*4]障がい者は当時もケアが必要でしたが、社会にとってまぎれもなく大事な人たちで、愛と尊厳を持って扱われていました。考古学者たちはこの事実を突き止めたのです。

歴史の中でケアと愛は僕らが共有する人間の物語の一部であったと思い出させてくれます。

僕は願っています。将来、あらゆるものを取り込める社会の建設が進められて、より多くの愛とケアが注ぎ込まれる。そうすれば、今言及されたような恐ろしい事件は少なくなるはずです。

そんな社会において、僕らは誰もが役割を担います。

障がい者はどのように扱われるべきか?

社会は障がい者をどのように扱うべきか?

こうした問題を考えながら、僕ら全員が何らかの役割を見出せるはずです。

一緒によりよい社会を作り出せるはずです。

人間の歴史の一部である愛とケアにあふれ、これまで僕らの周りで起こってしまい、今も世界のどこかで起こっている悪いことはほとんど見られない社会。

そんなすばらしい社会を僕らは一緒に作り出せるのです。

上杉　ジョリーの人生に対する前向きな姿勢に、いつも感銘を受けています。こんなふうにおっしゃっていますね。

「障がいのある多くの人たちはやっぱり肉体的に苦しい状況に置かれてしまうだろうから。僕はそれと正反対の立場をとることにしたんです。変だと思われちゃうかもしれないけど、常に陽気でいようとしているんです」（187ページ）

同時に、ほかの人たちにも本当に親切に対応しています。

「障がいのある人に対してそんな言い方は許されません。僕は構わないけど、僕以外の介助犬を連れている人に対してそんなことを言うべきじゃない。そんな言い方をされたら、その人たちはその週ずっと悲しい思いをしなくちゃいけないから」（109ページ）

いつも笑みを絶やさず、すべてこなしていますね。その笑顔の秘密を教えていただけませんか?

ジョリー　自閉症であることで人とのコミュニケーションは時に非常に困難ですし、日々活用できるエネルギーが枯渇してしまうこともあります。

本文でも説明していますが、その大きな理由は、僕が僕の脳にあるものを、多くの人がコミュニケーションに使う媒体に、すなわち文字や言葉に変換する必要があるからです。

この変換はとてもむずかしいけど、常に試みていますし、うまく変換したいと思っています。それは僕にとってはすごく大切なんです。変換がうまくできれば、ほかの人たちとどんなふうに付き合えばいいか判断できますから。

いつも笑みを絶やさず、すべてこなすこと。それがまさに僕の役割で、先ほど言ったよりよい社会を作り上げるために僕ができることかもしれません。

これも本文に記しましたが、どこかの店舗や歩道や建物で、ある日すれ違うかもしれない人々について考えたりします。その人とはその週、その月、その年にしか会わないかもしれないし、まったく会わないかもしれない。どこか初めての場所を訪れているのであればなおさらそうです。

どうでしょうか、その人は僕が歩いているのをちらりと見たら、僕のことをどんなふうに覚えているでしょうか?

僕が笑っていたら、その顔を覚えていてくれるんじゃないかな?

ほんのちょっとだけど、僕の笑顔がその人の一日を明るくできるかもしれない。

そんなふうにたとえば笑顔を見せることで、僕らはみんな自分の周りの世界に影響を与えることができるんじゃないでしょうか。

ご存知の通り、僕はそれがいつもできるわけではないです。でも、いつも最高の笑顔を見せたいと思っています。まだしたことがないという人がいたら、ぜひお勧めしたいです。会ったこともない人のことを思って、ただその人に笑顔を見せたいと思えば、自然と笑顔が浮かぶはずです。

上杉　原題の *How to Be Human*（人間になる方法）にはどんな意味が込められていますか？　この書名でどんなメッセージや願いを伝えたいと思いました？

ジョリー　その書名は僕が思いついたというわけじゃないんです。共著者のリリック・ウィニックとサイモン&シュスターの編集者プリシラ・ペイントンが考えてくれました。でも、それは本書で僕が試みようとしていること（僕の経験と人生を通じて自閉症について読者に学んでもらうことです）を見事に伝えていますから、とても気に入っています。

僕は本を読むのが大好きですし、ずいぶん読んでいます。

どうしてノンフィクションを好んで読むかと考えると、まったく新しい世界に出会えるからかな。場所にしても、人にしても、あらゆるものに関して新しい世界に触れられる。信じられないほどいろんなものがあります。人について考えてみれば、ほんとにいろんな人たちがいる。そんな多様性がすごく面白いと思うのは、僕らはみんなちょっとずつ違うということ。大きな違いもちょっとした違いもあるけど、ふたりとして同じ人はいない。人の多様性には脳や考え方の違いも含まれます。その多様性は僕らの周りの環境や人との交流にどんな意味をもたらし、何を生み出すでしょうか？

本書を読んでいただければ、そんなことがわかるかもしれない。

そして読者の皆さんはそれぞれ違うものを読み取るかもしれない。

でも、ほかのノンフィクションと同じように、皆さんがこの本を読んで、何か新しいものに出会うようなことがあれば、うれしいです。

皆さんが本書を通じて今まで知らなかったものに出会えたら、それは何か教えてほしいです。

上杉　新型コロナウイルス感染症の拡大により、今はみんなで集まって直接話すことがなかなかできません。ジョリーは地理学者としてこの状況を心配していると思います。今日の世界の環境問題について、ご意見をお聞かせいただけますか？

ジョリー　はい、僕はこういった問題をすごく心配しています。公衆衛生の課題も、今おっしゃった環境問題も、不平等などの社会問題も、等しく心配しています。僕たちはみんな一緒ですし、どれも僕らみんなに影響をおよぼします。でも、地理学者として、こうした問題を通じてみんながおたがいに学びあえるんじゃないかなと考えています。

たとえばサウスカロライナ州は日本とは違いますけど、おたがいに何かを差し出すことで、こうした問題にどう対処したらいいか、どうすればいい方向に向けることができるか、一緒に学べると思うのです。

会話を重ね、おたがいの背景情報と経験を共有することで、よい解決策が見つかるはずです。その解決策を僕らの社会だけでなく、世界のどこにおいても試すことができるはずです。

でも、日々環境問題に取り組んでいる者としては、環境問題はほかのどの問題より概して深刻だと考えています。たとえば気候変動は公害などと違って一か所にとどまらず、あらゆる人たちに影響をおよぼします。ひとつのコミュニティの住民だけでなく、遠く離れた場所にいる人たちにも影響します。

まず重要なのは、周りの人たちの視野を広げることです。気候変動など深刻な環境問題を考えるにあたって、大きな一歩になります。

同時に、おたがいに異なっていても、サウスカロライナ州の人々は日本の人たちを必要としているし、日本の人たちはサウスカロライナの人たちを必要としているという事実も頭に入れておきたいです。

上杉　現在取り組んでいることについて教えてください。母校サウスカロライナ大学の研究員になられたようですね。おめでとうございます！　地理学科の研究員として、日々どんな仕事をなさっていますか？

ジョリー　現在は気候科学者として、アメリカ南東部のサウスカロライナ州のサウスカロライナ大学に所属しています。サウスカロライナ州で僕は育ちました。ここで環境研究を通じて学んだことをもとに、地域社会を支援しています。

気候モデルのデータを分析したり、学術レポートや雑誌記事を読んでまとめたり、毎日いろいろなことをしています。第一の目標は、環境に関する科学情報をわかりやすく整理して、政府の関連団体や非営利組織の人たちに、そして気候変動と科学のことを知ろうとする人たちに無理なく読んでもらえるようにすることです。

たとえば、ある大きな組織とともに、サウスカロライナ州のレジリエンス・オフィス[*5]向けのレポートをまとめました。このレポートはサウスカロライナ州に順応性をもたらし、より安定した状態に保つために使われます。気候科学について、そして気候科学がサウスカロライナ州に何をもたらすか十分に理解できれば、実現できるはずです。

また学科の講義も一コマ担当していて、すごく楽しんでいます。初級レベルの地理の入門クラスで、僕にとってははじめての教える仕事です。学生たちから学び、僕の知識の一部を学生たちに与えることができるのですから、ほんとに楽しんでいます。

上杉　日本の東田直樹さんは自閉症である自身の人生について、何冊も本を書いています。その一冊『自閉症の僕が跳びはねる理由　会話のできない中学生がつづる内なる心』は、アイルランド在住のイギリス作家、デイヴィッド・ミッチェルのすぐれた翻訳により、世界的ベストセラーになりました。

ご自身のお子さんも自閉症で、この男の子が何を考え、感じているのかを知りたいと考えたミッチェルさんは、日本人の奥さんケイコ・ヨシダさんと一緒に東田さんの本を翻訳することにしました。

自閉症の人だけでなく、定型発達者も、東田直樹さんやデイヴィッド・ミッチェルさんのような人たちの言葉や生き方に、そして同じくジョリーが『「普通」ってなんなのかな』に書いている言葉や生き方に、常に癒されます。

あなたたちの言葉や生き方から、気持ちをしっかり持って生きていきたいと思う人はたくさんいます。それについてコメントいただけますか？


ジョリー　『自閉症の僕が跳びはねる理由』はまだ読んでいませんけど、お勧めいただき、ありがとうございます。読書は好きですし、友達から勧められた本はリストにしているので、必ず読むべき本のリストに入れたいと思います。

自閉症を理解する上で役立つ本が何冊も出ていますし、僕の本もその一冊になっていると知って、すごくうれしいです。僕の本を含めてそうした本は、人々が自閉症の人をどのように見るか、自閉症の人たちは社会でどのように扱われるべきか、再考を促すことができるかもしれません。

僕は言葉に苦労しているけど、本や言葉は僕たちの周りの世界に影響を与えてくれるし、いろんな本や言葉に触れるのは本当に楽しいことです。

上杉　東田さんは自閉症についての自分の考えを『自閉症の僕が跳びはねる理由』につづっています。ひとつご紹介します。東田さんは「自閉症についてどう思いますか？」という質問に答えています。

僕は自閉症とはきっと、文明の支配を受けずに、自然のまま生まれてきた人たちなのだと思うのです。

これは僕の勝手な作り話ですが、人類は多くの命を殺し、地球を自分勝手に破壊してきました。人類自身がそのことに危機を感じ、自閉症の人たちをつくり出したのではないでしょうか。

僕たちは、人が持っている外見上のものは全て持っているのにも拘わらず、みんなとは何もかも違います。まるで、太古の昔からタイムスリップしてきたような人間なのです。

僕たちが存在するおかげで、世の中の人たちが、この地球にとっての大切な何かを思い出してくれたら、僕たちは何となく嬉しいのです。*6

まさにジョリーが言っていることと同じではありませんか？　東田さんが『自閉症の僕が跳びはねる理由』を書いたのは十五歳の時でした。

ジョリー　世界は自分のために設定されていないと感じることがありますし、その世界に適応しようとすると困難に直面します。東田さんもこの文章であの感覚をうまく表現しています。

そんな世界にひたすら溶け込もうとしても疎外されてしまうだけ。でも考え方を変えれば、違う可能性も開ける。

僕はこれまで生きていて、障がいがあることでいろんな見方ができるようになりました。自分にとって大事な人たちを心から大切にしたい。人や動物たちと共存できる環境を大事にしたい。

僕が人に尽くしたいと思うのは、ひとつには多くの人たちに手を差し伸べてもらっていなかったら、今の自分はないからです。

時間が経つにつれて、自閉症は僕の人生にいいこともたくさんもたらしてくれると気づきました。たとえば物事を違う観点から見られる能力が得られました。東田さんもここで同じことを言っているんじゃないかな。

でも、障がい者だから変化したり成長したりしなければならないわけじゃない。障がい者も生活の中で人や自然との出会いに心を開くだけでいいのです。

上杉　今どんなことに取り組んでいますか？

ジョリー　（日本語で）**わたしは日本語を習っています。毎日日本語を勉強しています。**

僕は日本語を学んでいます。この夏に初めて日本語のクラスを取りました。今後も日本語の勉強を続けたいと思います。

どうして日本語を学びたいと思ったかと言いますと、ひとつには僕の本が日本語に翻訳されて、日本の読者に読んでもらえるとわかったからです。

日本語はとてもむずかしいですから、日本語学習は一大プロジェクトですよ（笑）。

でも、むずかしいから楽しめるんでしょうね。特に漢字は楽しく学んでいます。僕はとても視覚的な考え方をしますから、漢字の表記が視覚的に複雑であること、漢字一つひとつに意味があることに、すごく興味を引かれます。

ほかにオックスフォード留学中に学んだスコティッシュ・ダンスもつづけています。アメリカに戻ってきてからも、ブルーリッジ山脈地方[*7]にある学校で開かれているスコティッシュ・ダンスのレッスンに楽しく参加しています。

仕事についてですが、最近はサウスカロライナ州の資源エネルギー庁と共同でレポートをまとめています。この資源エネルギー庁は州内のさまざまな気候問題のソリューションに資金提供する方法を、あらゆる角度から模索しています。

この資金提供を前進させたいですし、ぜひ実現したいです。

新たな本の執筆については今のところ計画はありません。でも、何か書きたいものが出てくるかもしれません。

上杉　本章でわたしに話していただいていることを、ぜひ本にまとめていただきたいです。

上杉　最後に、日本の読者の皆さんに一言お願いします。

ジョリー　上杉さんが僕の本を翻訳してくれて、それが日本人の読者の皆さんに読まれるなんて、本当にすごいことだと思います。僕らは遠く離れていますけど、本の力がそれを可能にしているのです。今は同じ場所にいなくても、こうして協力しあえます。

いつか日本に行ってみたいです。しっかり勉強して、その頃には日本語で十分な会話ができるようになっていたらいいなあ。楽しみにしています。

今はとにかく、僕の本を手に取っていただき、ありがとうと言いたいです。もし楽しんでいただけたらうれしいですし、感想もうかがいたいです。

僕の本を読んで思ったことを僕に教えてほしいですし、ぜひ周りの人たちといろいろ話してみてください！

謝辞

これまでの僕の人生の旅路を助けてくれた多くの人たちのおかげで、この本が出来上がりました。

何と言っても、思い出せる限りこれまでずっとそばにいてくれた家族に、感謝を捧げます。

ママ、ローレン、アリック、サラ、タイラー、ルース、ナンシー、ハーブ[*1]、本当にありがとう。小鳥のフェデラーと介助犬のデイジーもありがとう。

本書の執筆自体、独自の物語になりそうなものでしたし、であればそこには本書出版を可能にしてくれた多くの方々が登場することになります。

最初は僕の物語を読みたいと思う人なんているだろうかと心配でした。だから初期の段階で僕を温かく導いてくれたエリオット・ガーソン[*2]さんとウォルター・アイザックソン[*3]さんに感謝します。

版権エージェントのアマンダ・アーバン[*4]さんには過去二年間、計り知れない支援とアドバイスを賜りました。

　各地のブックイベントで英語を母語としない人たちと話した時は、共著者のリリック・ウィニックさんに助けてもらいました。おかげで、僕も皆さんと楽しく話すことができました。

　サイモン&シュスター社の皆さんのおかげで、本書出版が実現しました。担当編集者のプリシラ・ペイントンさんに感謝します。ペイントンさんがひとつの物語を読み取り、ありとあらゆることをして本にしてくれました。ペイントンさんの先見の明と信念、そして力強い支援がなければ、本書の出版は不可能でした。

　サイモン&シュスターのCEOジョナサン・カープさんにも深く感謝いたします。カープさんは、きみはきっとみんなが知りたいことが書けるはずだよ、と力強く背中を押してくれました。

　リチャード・ローラー副社長も僕の本に関心を示してくれて、支援の手を差し伸べてくれました。

　本書出版でお世話になったサイモン&シュスターのすべての人たちに感謝します。編集部のハナ・パークさんとメーガン・ホーガンさんは、どんな質問にも答えてくれました。

　カーリー・ローマンさん（読みやすいレイアウトを考えてくれました）、ジャッキー・セオさん（装丁）、サラ・キッチンさん（進行担当）、トリシア・キャラハンさん（原稿整理）、アン・テイト・ピアースさんとエリーゼ・リンゴさん（宣伝／マーケティング）の各氏にも感謝します。

僕をずっと支えてくれた人は何人もいるから、全員の名前を挙げることはできないけど、何人かの名前をここで挙げさせていただきます。

まず、最初に友達になってくれて、ずっと僕のたった一人の友達でいてくれたジェームズ・ジェイコックスにありがとうと言いたいです。

僕はさまざまな障がいを抱えているから、たくさんのセラピストの皆さんに支えられています。その人たちにも、この場をお借りしてお礼を申し上げたいです。だって、僕はその当時この人たちにお礼が言えなかったから。

長年にわたって理学療法で僕を（現実的にも精神的にも）支えてくれたカレン・ティモンズ先生、ありがとうございました。

幼い頃に面倒を見てもらった人たち、特にデニー・サイド先生、ヴィック・ジョーンズ先生とジョーン・ジョーンズ先生にもありがとうと言いたいです。

ジェン・ロジャースさん、モーリーン・レアリーさんをはじめ、デイジーを僕に与えてくれたPAALSファミリー[*5]の皆さんに感謝します。デイジーはずっと僕の大事な友達ですし、僕の人生にどれだけ多くの人たちがどれだけ多くの時間を割いて、どれだけ多くの愛を注いでくれているか、いつも思い出させてくれます。

サウスカロライナ大学在籍時は、たくさんの友人たちにいろんな形で支援してもらいました。

特にジーン・エリス、ジョー・ジョーンズ、ハミッド・カーン、デイヴィッド・テイラー、デイヴィッド・ディワイルは僕の友人であり、助言者（メンター）でした。

コッキーにも、コッキーズ・リーディング・エキスプレス[*6]の皆さんにも、お礼を申し上げます。あなたたちに教えてもらったように、僕も毎日を楽しく生きていこうと思います。

海外留学奨学金給与でお世話になったナショナル・フェローシップ・アンド・スカラー・プログラム事務局のノヴェラ・ベスキッドさんをはじめ、コロンビア滞在時とイギリス留学中に支援してくれたサウスカロライナ大学のすべての人たちにも感謝します。

トルーマン財団[*7]のアンドリュー・リッチさんとタラ・イグレシアスさんにも感謝いたします。おふたりが僕にしてくれたすべてのことに、厚くお礼を申し上げます。

オックスフォードで過ごした時間は、あらゆる形で僕の人生に変化をもたらしてくれました。

母と僕を温かく迎えてくれたメアリー・イートンさんと、ローズハウスのスタッフの皆さん（特に守衛さん）に感謝します。僕が皆さんの仕事場によくお邪魔したのは、皆さんとのおしゃべりが本当に楽しかったからです。

第二の故郷を与えてくれたウスターカレッジ[*8]のスタッフ、守衛さん、庭師の皆さんに感謝します。

オックスフォードの教会の関係者の皆さん、オックスフォード大学スコティッシュ・ダンス・ソサエティの皆さんにも、お礼を申し上げます。

地理環境学部の職員の皆さん、ボドリアン図書館の司書の方々にも感謝します。

オックスフォードでお世話になったテス・クィン・ロートン先生、マシュー・チェン・ソールズベリー先生、トマス・アレリー先生[*9]、本当にありがとうございました。先生方が僕にとってどれだけ大事な人たちであるか、とても言葉にできません。

イギリスの国民保健制度[*10]に、そしてイギリスでお世話になったすべての人たちと組織に謝意を捧げます。とても温かく迎えてくださり、ありがとうございました。

最後になりますが、僕のすべての友人たちに感謝します。僕はたくさんのすばらしい人たちを友人と呼ぶことができて、言葉にならないくらいうれしいです。

皆さんと言葉を交わすたびに皆さんは僕に光を見せてくれます。その一部をほかの人にも分けてあげたいです。

ジョリー・フレミング

まず、ジョリー・フレミングとケリー・フレミングに深甚なる謝意を示したい。ジョリーとケリーはふたりの驚くべき刺激的な物語をわたしにまとめさせてくれたのだ。

プリシラ・ペイントン、ジョナサン・カープ、ハナ・パーク、メーガン・ホーガン、ゲイル・ロス、さらに以前にはスーザン・モルドウ、ナン・グラハム、ラリー・スミス、サラ・ブルゾウスキー、マーティン・ティミンズ、パット・ロジャース・ライオネッティと一緒に仕事ができて、この人たちから学びつつ、友人関係を築けたことに、常に感謝している。

音声の文字起こしをいつも完璧にこなしてくれたジョー・シャッフラーにもお礼を申し上げる。

惜しみなく支援してくれた父ジムと母ラークにも感謝したい。ふたりとも原稿すべてに目を通してくれた（二度読んでもらった箇所もある）。

家族のジーン・シーリーにも原稿を読んでもらった。ジーンの今回の読書体験がいいものになったことを祈っている。同じくキャシー・シーリー、マット・シーリー、キャメロン・シーリー、キャサリン・オルブライト、リズ・マレーにも感謝する。

以下の友人たちにも感謝したい。

モリー・ティーズ、トビー・エムセレム、ユリー・エムセレム、ロブ・バネン、グレタ・ヴァン・サステレン、ジャネット・フリードマン、ヴァネッサ・バドレ、ダイアン・キャノン、レスリー・バー、エリザベス・ミラー、ジャニス・デイ、マラル・スケルシー、エリザベス・ラモット、リサ・モーティエ、レスリー・カルディコット、デヴィッド・ブリット、ジュリー・ブリット、アリソン・シェーファー、リズ・スタイングラス、エイミー・カウフマン。

ありがとう、あなたたちのおかげで、原稿がブラッシュアップできた。

インガ・バリー、ソフィア・マルーン、ルディ・クリサット、ジル・ララビー、エディス・グレッグソン、エミリー・クロップ・ミシェル、デブ・スワッカー、ケリー・ドゥーランにも感謝する。

滞りなく編集作業を進めてくれたマイク・ミレンにお礼を申し上げたい。またグレシア・キャラティニがいなくてはこの仕事はできなかった。

原稿に打ち込んでいるあいだ、わたしの膝の上などから決して離れなかった愛犬クリーにも感謝する。

わたしのふたりのティーンエイジャーの息子たちが学校から帰ってきて、静かにバックパックをおろし、そろそろとつま先立ちで部屋に入ってきて、わたしがジョリーとスカイプで話すのを聞こうとするのを知って、この本は特別なものになると思った。

ジョリーとの会話を終えたあと、ふたりはいつもこんなふうに言ってくれた。

「すごく面白かったよ。特にあの部分がね……」

わたしの人生の最大の栄誉と幸福は、ナサニエルとＢＣの母になれたことだ。

ありがとう、ナサニエル、ＢＣ、心の底から愛している。

リリック・Ｗ・ウィニック

参考文献

脳と自閉症に関する研究と考察はめざましく進展を遂げており、関連論文、書籍も数多く発表されている。

本書執筆において、有益な一般知識および専門的な情報を与えてくれた文献を次に示す。

1　スティーブン・W・A・レイノルズ「心臓、肝臓、脳の支配闘争史」[Stephen W. A. Reynolds, "The historical struggle for dominance between the heart, liver, and brain"]
カルガリー大学のレイノルズ教授の論文で、脳と心臓に関する考え方の歴史をコンパクトに学べる。二〇〇七年三月三十日、三十一日にカルガリーで開催された「医学の歴史」[History of Medicine Days] 第十六回年次大会の会報に収録。
https://prism.ucalgary.ca/handle/1880/47541

2　リサ・フェルドマン・バレット『情動はこうしてつくられる——脳の隠れた働きと構

成主義的情動理論』（高橋洋訳、紀伊國屋書店）〔[Lisa Feldman Barrett, *How Emotions Are Made: The Secret Life of the Brain*, (Mariner Books, 2017)〕
感情と脳科学、生理学、文化について、詳細に論じられている。リサ・フェルドマン・バレットについては、第４章訳注１（２７３ページ）を参照。

3　オックスフォード大学出版局『大脳皮質』誌、第二九巻、第六号、二〇一九年六月〔*Cerebral Cortex*,（2019）〕
自閉症の若年層の脳画像研究についてくわしく学べる。
https://academic.oup.com/cercor/issue/29/6

4　ベンジャミン・ホフマン、エレン・ランプキン「腸の感覚」（『サイエンス』誌、第三六一巻、第六四〇八号、二〇一八年九月二十一日）〔Benjamin Hoffman and Ellen Lumpkin, "A Gut Feeling", *Science*,（2018）〕
腸と脳の関係を論じる。
https://www.science.org/doi/10.1126/science.aau9973

5　キャサリン・ワン、ゴットフリード・シュラーグ「自閉症における言語の神経経路――音楽を基にした治療の可能性」（『フューチャー・ニューロロジー』誌、第五巻、第六

号、二〇一〇年十一月）［Catherine Wan and Gottfried Schlaug, "Neural pathways for language in autism: The potential for music-based treatments", *Future Neurology*, (2010)］
米国国立衛生研究所の国立医学図書館は、表記論文をはじめ、自閉症と脳研究について詳細に記した論文を多数所蔵している。
https://www.researchgate.net/publication/49720167_Neural_pathways_for_language_in_autism_The_potential_for_music-based_treatments

以下の一般書二冊も参考になった。

6 ジョン・ドンバン、カレン・ザッカー『同じじゃない——自閉症の物語』（未訳 ［John Donvan and Caren Zucker, *In A Different Key: The Story of Autism*, (Crown, 2016)］
わたしたちが自閉症に対して、ひとくくりにして認識、理解し、同じように反応してしまっていることを教えてくれる。

7 サム・キーン『決闘する神経外科医たちの物語——トラウマ、狂気、回復の物語によって明かされる人間の脳の歴史』（未訳）［Sam Kean, *Dueling Neurosurgeons: The History of the Human Brain as Revealed by True Stories of Trauma, Madness, and Recovery*, (Doubleday, 2014)］
医学と科学によって脳がどれだけ理解されるようになったかがわかる。

8　マーク・ハッドン『夜中に犬に起こった奇妙な事件』（小尾芙佐訳、ハヤカワepi文庫）

[Mark Haddon, *The Curious Incident of the Dog in the Nighttime*]

この小説は何度か翻案・舞台化されているが、二〇一九年版の演劇作品がメリーランド州ベセスダのラウンドハウス・シアターで上演された。（自閉症と定型発達の）ふたつの知的世界をどのようにナビゲートし、移動するか、改めていろんなことを考えさせてくれた。

訳注

1　診断「自閉症」

＊1　**ローズ奨学金**　イギリスの植民地政治家で、ケープ植民地首相（一八九〇〜一八九六）も務めたセシル・ローズ（一八五三〜一九〇二）の遺志により設けられた、オックスフォード大学で学ぶイギリス連邦、アメリカ、ドイツ、中国からの留学生を対象とした奨学金。オックスフォード大学の学費はローズトラスト（Rhodes Trust）が支払い、毎月生活費も与えられる。奨学生は大学在籍中は寮に入居し、二十世紀前半に建てられた施設ローズハウス（三十三万冊におよぶ英連邦関連資料を収蔵）も利用できる。奨学金は二年間与えられ、二年目の成績によってはさらに一年延長される。

＊2　**定型発達者**　発達障害（自閉症、運動障害、注意欠陥・多動性障害など）ではない多数派の人々を意味する用語で、対義語として用いる。一九九〇年代初頭に発足した「国際自閉症ネットワーク（Autism Network International）」が提唱したもの。最近では、後天性の双極性障害（うつ病）などに対する対義語としても使われる。

＊3　**遺伝暗号**　遺伝子本体のDNA中の塩基配列の順序によって示される情報のこと。各アミノ酸に対応する塩基連鎖。

＊4　**理学療法士**　略称PT。理学療法は、日常生活の自立をリハビリテーションの分野でサポートする専門的治療のひとつ。「立つ」「歩く」「座る」「寝る」などの基本的動作能力の回復・維持を目的に、運動やマッサージ、電気刺激や温熱などの物理的手段を通して、患者の筋力や関節の機能回復を目指す。身体機能のうち、大きな動きの「からだのリハビリテーション」のみを担い、精神的な部分は担当しない。

＊5　**作業療法士**　略称OT。作業療法は、日常で必要となる「食事」「洗顔」「料理」「字を書く」などの応用的動作能力や、地域活動への参加、就学・就労といった社会的適応能力を維持・改善し、「その人らしい」生活の獲得を目的に、リハビリテーションを行う専門的治療のひとつ。精神や身体の障がい者に適当な軽い仕事を与えることで身体的、精神的、あるいは発達に障がいのある人々の日常生活活動と作業スキルの回復や維持を図る。患者のメンタルケアも担う。

＊6　**言語聴覚士**　スピーチセラピーは、言葉の障がい（失語症や言語発達遅滞等）、声や発音の障がい（音声障

がいや構音障がい等)、食べる機能の障がい(摂食・嚥下障がい)等に対して行う専門的治療のひとつ。言語聴覚士(スピーチセラピスト、ST)は医療従事者(コメディカルスタッフ)の一員として、理学療法士(PT)、作業療法士(OT)、視能訓練士(CO)とともに、リハビリテーション専門職を構成する。なおアメリカではオーディオロジスト(聴覚療法士)とスピーチ・ランゲージ・パソロジスト(言語療法士)に分かれており、聴覚療法士は博士課程の学歴を要する。

＊7 **感覚統合障害** 感覚情報に適切な処理をして反応することができない状態。sensory processing disorder、SPDのこと。sensory integration [integrative] dysfunction [disorder]、SIDとも呼ばれる。

＊8 **プレイ・ドー** プレイ・ドー(Play-Doh)はケンナー・プロダクツ(Kenner Products)社製(現在はハズブロ社)の子供向けのカラー合成粘土の工作具。一九五五年発売。最初はアメリカのオハイオ州シンシナティで一九三〇年代に壁紙クリーナーとして発売されたが、教育玩具に転換した途端に大ヒットした。

＊9 **ミトコンドリア病** ミトコンドリアの働きの低下が原因で起こる病気を総称して「ミトコンドリア病」と呼び、おもにミトコンドリアDNAの変異によって起こる遺伝性代謝異常を指す。たとえば脳細胞なら視力や聴力や認知能力が障害され、心臓細胞なら血流が障害され、筋肉細胞なら運動が障害される。小児期によく見られるのはMELAS(ミトコンドリア脳筋症)などの多臓器疾患である。

＊10 **コンフォートゾーン** 「快適な空間」。心理学などではストレスや不安がなく、限りなく落ち着いた精神状態でいられる領域。ケリーはジョリーにそこにとどまることなく、定型発達者の世界に出て行くことを勧めた。

＊11 **トルーマン奨学金** アメリカ三十三代大統領ハリー・S・トルーマン(一八八四〜一九七二)が設立した奨学金制度。米連邦政府がトルーマン財団を通じて全米の大学三年生から選抜し、大学院に進む費用補助として三万ドルを支給するエリート養成のための奨学金で、一九七五年に制定された。留学生は除外され、また原則として各州ひとりずつしか選ばれない(実際は複数名選抜)、狭き門である。なおアメリカの学費は日本の数倍と高額で、三人にふたりの大学生が何らかの学資補助を受けている。ジョリーは二〇一六年にここから奨学金を得た。

＊12 **ウスターカレッジ** オックスフォード大学の学寮のひとつ。創立一七一四年。中世以来の建物と十八世紀の建物がみごとなコントラストをなす。

＊13 **晩禱** 晩の祈り、晩の礼拝。内容・形式は教派によって異なるが、カトリックは早禱とともに毎日行う。

2　脳内空間

＊1　**ヒポクラテスの誓い**　医師の倫理についてのギリシア神への宣誓文。患者の生命と健康、プライバシーの保護のほか、専門家としての尊厳の保持、徒弟制度の維持や職能の閉鎖性維持が謳われている。前四六〇～前三七〇年頃に生きた古代ギリシアの医者、ヒポクラテスが作ったものと言われ、今でも医師の職業につく時に行う倫理綱領の宣誓として用いられる。

＊2　**ガレノス**　一二九～一九九年頃。ギリシアの医学者で、ルネサンス期に至るまで医学の権威者と仰がれた。

＊3　**微細運動**　手や指を使った細かい動作のこと。文字を書いたり箸やスプーンを使ったりボタンをはめたりするなど、日常的な手指のコントロールによる動きを指す。

＊4　**脳回**　大脳皮質にあるしわの隆起した部分。通常、ひとつあるいは複数の脳溝に囲まれている。

＊5　**フランツ・ジョセフ・ガル**　一七五八年ドイツ南部のバーデン州生まれ。ウィーンで医学者として活躍。大脳機能の局在説を最初に提唱した。骨相学の祖でもある。一八二八年フランスのパリで没。

＊6　**側頭葉（temporal lobe）**　語源となったラテン語のtemporalisは「一時的な」という意味だが、英語のtemporalには「こめかみ」という意味があり、同じくラテン語のlobeは「葉っぱ」を意味するが、英語では「耳たぶ」という意味がある。

＊7　**軸索**　ニューロンの構成要素で、神経細胞より発する長い突起。末端は分枝して、次のニューロンまたは効果器にシナプス結合し、神経細胞の興奮を伝達する。

＊8　**自閉スペクトラム症**　自閉症スペクトラムとも言う。原語はautism spectrum disorderであり、略称のASDとしても知られる。『精神障害の診断と統計マニュアル』第五版（DSM-5）における診断名で、コミュニケーションや言語に関する障害全般を指す。さまざまな行動状態を連続体（スペクトラム）として扱うため、アスペルガー症候群や広汎性発達障害などをも包含する診断名となった。従来の典型的な自閉症だけでなく、もっと軽い状態も含まれる。

＊9　**内集団**　内集団（in-group）とはアメリカの社会学者W・G・サムナーの用語。個人が自らをそれと同一視し、所属感を抱いている集団のこと。競争心、対立感、敵意などの対象である、他者が所属する「外集団」の対概念となる。

＊10　**ミトコンドリア病**　第1章訳注9参照。

＊11　**迷走神経**　十二ある脳神経の十番目のもので、第十脳神経とも呼ばれる。副交感神経の代表的な神経で、複雑な経路を示し、頸部、胸部内臓、腹部内臓にまで見られ、脳神経中最大の分布領域をもつ。

＊12　**マイクロバイオーム**　生物の体内に常在する微生物の総体。近年は腸内細菌・共生菌など宿主の健康と密接な関係にある微生物群のゲノムを宿主のゲノムの延長とみなす、メタゲノミクス研究（環境から採取した試料をそのまま使って、培養の困難な微生物などを分別せず、含まれているゲノムをまとめて解析する手法）などによる研究活用が盛んになっている。

＊13　**緋文字A**　ナサニエル・ホーソーンの小説『緋文字』（一八五〇）にある、緋の色の布で作ったadultery（姦通）の頭文字Aのことで、姦通者の女性が胸につけさせられた。ジョリーはここではadulteryの代わりにautism（自閉症）を緋文字と言っている。

＊14　**ハーディーズ**　アメリカ国内ではサブウェイ、マクドナルド、バーガーキング、ウェンディーズなどに次ぐ店舗数だが、一九六〇年にノースカロライナ州で創業されたこともあり、ジョリーが生まれたサウスカロライナ州ではもっともポピュラーなファストフードレストランといえるかもしれない。ミシシッピー川より西側（おもにカリフォルニア州）では「カールスジュニア」名義で運営しており、日本にもやはり同名義で進出している。モンスター・シックバーガーは代表的なレギュラーメニューだが、日本では不定期に「モンスターバーガー」として期間限定販売されている。

＊15　**コッキーズ・リーディング・エキスプレス**　サウスカロライナ大学での奉仕活動の一環としての識字率向上プログラム。大学の公式マスコットのコッキー（闘鶏／おんどり）と学生ボランティアがバスで地元の小学校を訪れて本の読み聞かせを行う。子供たちには家に持ち帰るための本が与えられる。https://sc.edu/study/colleges_schools/cic/library_and_information_science/literacy/cockys_reading_express/index.php

＊16　**費用対効果**　コストに対しての効果（利益）を把握するための指標で、費用便益ともいう。効果（利益）－費用（コスト）という計算式で割り出せ、数値が高いほど効果も上がったという解釈になる。

＊17　**F84・0、299・00**　ICD（International Statistical Classification of Diseases and Related Health Problems［疾病及び関連保健問題の国際統計分類］）コード。F84・0は「小児自閉症［自閉症］」、299・00は「自閉性障害」。

＊18 **『メッセージ』**（原題 *Arrival*）。テッド・チャン原作、ドゥニ・ヴィルヌーヴ監督、エイミー・アダムス主演の二〇一六年公開のアメリカ映画。地球に到来した異星人ヘプタポッドの文字言語を解読しようとする言語学者の奮闘を描いた作品。彼らの言語は時制が存在しない非線形の表意文字（ジョリーが描写したとおり、墨で書かれた円に見える）で表され、理解するには非直線的な時間観念が必要であった。

＊19 **『理性の眠りは怪物たちを生み出す』** フランシスコ・デ・ゴヤ（一七四六～一八二八）の一七九九年のエッチング作品（*The Sleep of Reason Produces Monsters*［*El sueño de la razón produce monstruos*］）。メトロポリタン美術館所蔵。ゴヤは宮廷画家と並行して、一七九〇年代から自身の中に眠っている個人的な悪夢を描き始めるようになる。そうして一七九七年から一七九九年にかけて制作されたのが八十枚の銅版画作品『ロス・カプリチョス（気まぐれ）』であり、『理性の眠りは怪物たちを生み出す』はその四十三番目にあたるエッチング作品。53ページ参照。

＊20 **レゴ** レゴ（LEGO）はデンマークの玩具会社で、主力商品はプラスチック製の組み立てブロック玩具である。一九三二年創業。基本色は赤、黄、青、黒、白、灰色。戦車や軍用機を作られるのを恐れ、緑色を基本色とはしなかったという。説明書を読まなくてもブロックの機能がわかるアフォーダンスデザインが取り入れられている。

＊21 **プレイ・ドー** 第1章訳注8参照。

＊22 **アイルランド海** グレート・ブリテン島とアイルランド島の間の大西洋の内海のこと。アイリッシュ海とも。

＊23 **一直線に考える** リニア思考（線形思考）を指す。因果関係を重んじ、起こった事象の原因は一本の線上にあるという考え方。事象には色々な側面があって複雑に絡みあい、一本線では表せないとするラテラル・シンキング（水平思考）や非線形思考と対照的だ。因果関係を念頭に置かず、多面性の自由な思考を展開するジョリーのスタイルは非線形思考、もしくは循環思考（スパイラル思考）と呼ばれるものに近い。

＊24 **ワードサーチ** 文字が入った碁盤目に隠された語を、方向を問わずに捜していくパズル。

＊25 **ピペット** 極少量の液体や気体を移すのに用いる化学実験用の小管。

＊26 **『ユニークライフ』** ネットフリックスのテレビドラマシリーズ（原題 *Atypical*）。ロビア・ラシッド製作総指揮。自閉スペクトラム症の十八歳、サム・ガードナーの生活を描く。シーズン1（八エピソード）が二〇一七年八月に配信され、二〇二二年現在、シーズン4まで配信。

3　エネルギーと記憶

＊1　**早禱**　早禱（matins）と晩禱（evensong）は十六世紀のイングランド宗教改革に際し、一五四九年に発行された『第一祈禱書』内の「マティンズとイーブンソング」という式文以来、同じ構成で継承される英国国教会の伝統的な礼拝。それまで修道院のみで行われていた聖務日課を、信徒が誰でも参加できる朝夕の礼拝として儀式化したものである。カトリックの朝課に相当する。

＊2　**データポイント**　生データを処理して得られる情報単位のこと。一個（ジョリーの言葉でいうならビーズ一個）のX値と一個以上（のビーズ）のY値を含む場合はグラフの値そのものとして表されることになる。

＊3　**環境説**　環境論（environmentalism）、あるいは環境決定論（environmental determinism）ともいう。個人や社会の発達は遺伝的素質よりもむしろ環境や置かれた状況によって規定されるとする説。ダーウィニズムの影響の下、人間は自由意志を持たず、地域の自然環境によって人間活動は決定されるものとする。フランスのアナール派の歴史学者リュシアン・フェーヴルが、十九世紀に活躍したドイツの地理学者フリードリヒ・ラッツェルを環境決定論者と指弾したことで広まった。

＊4　**『バーニー』**　『バーニー&フレンズ』（原題 *Barney & Friends*）のこと。一九九二～二〇一〇年に放映されたアメリカの子供向け番組で、紫色のティラノサウルスのバーニーによる歌と踊りがメイン。歌手のセレーナ・ゴメスはこの番組の子役でデビューした。

＊5　**『ブルーズ・クルーズ』**　（原題 *Blue's Clues*）。アメリカの子供向けのクイズ番組（一九九六～二〇〇六年）で、革新的なアニメーションで人気を集めた。メインキャラクターの青い犬ブルーが三つのヒント（クルー［clue］）を家の中に残し、ブルーと暮らしているお兄さんが視聴者とともに探す。現在も『ブルーズ・クルーズ&You』とタイトル変更して放送中。

＊6　**『ホイール・オブ・フォーチュン』**　一九七五年から現在まで、アメリカで放映されているクイズ番組。三人の参加者で行う言葉当てゲームで、パズル・ボードに隠された最大五十二文字から成るフレーズを、行事、地名、歌詞など先に提示されるジャンルと徐々に明らかになる文字を基に推測するもの。最高賞金額は日本円で一億円を超える一〇〇万ドル。

＊7　**『ジェパディ！』**　一九六四年から現在まで、アメリカで放映されているクイズ番組である。毎回三人の解答

者（うち一名は前回放送時のチャンピオン）により対戦が行われ、六つのカテゴリから出題される三十問のゲームボードを選び、正解することで獲得できる賞金の総額を競いあう。日本でもほぼ同じルールの「クイズグランプリ」（一九七〇～八〇年）がフジテレビ系列で放映されていた。『ホイール・オブ・フォーチュン』とあわせて、ぱっとしない歌手であり俳優であったマーヴ・グリフィンがテレビ界に転身して製作。『ホイール・オブ・フォーチュン』とセット購入しているアメリカの地方局は多く、両番組を続けて放映するパターンが多い（東部標準時では主に十九時台だった）。

＊8　**フォニックス**　英語初心者につづり字と発音の関係を教える語学教授法で、アメリカでは公立幼稚園と公立小学校（一年生）でカリキュラムに組み込まれている。その歴史は古く、おもに英訳版の聖書を読むために十八世紀から行われている。

＊9　**韻踏みゲーム**　英米の子供たちはpopとstop, brownとclown, cakeとsnake, petとwetというように、韻を踏む語を挙げて遊ぶ。

＊10　**パタケーキ**　Pat a cake, pat a cake, baker's man! で始まる童謡を歌いながら手をたたいたり、パンを焼くまねをしたりする幼児の遊戯。童謡の初出は喜劇作家トマス・ダーフィーの一六九八年のコミカルな諷刺劇で、法廷で容疑をかけられた看護師が歌いながら証言するシーン。パン屋の親方に命じられ金串で突き刺したが、オーブンに投げ込んで焼き殺したりはしない、という歌詞だった。一七六五年頃の「マザーグース」では、庶民がパンだねをパン屋に持ち込み、オーブンで焼いてもらう際に判別のためパン屋の親方が金串で印をつけるという歌詞に変わっている。またハリウッド映画「珍道中」シリーズではボブ・ホープとビング・クロスビーの二人組が敵の気をそらす目的で突然「パタケーキ」をやりだす、というお約束のシーンが毎回登場していた。

4　感情の隔たり

＊1　**リサ・フェルドマン・バレット**　ノースイースタン大学心理学部特別教授、ハーバード大学医学部マサチューセッツ総合病院研究員。ハーバード大学の法・脳・行動研究センターでCSO（最高科学責任者）を務める。著書に『バレット博士の脳科学教室 7½章』『情動はこうしてつくられる』（ともに紀伊國屋書店）など。

＊2　**ローズ奨学金**　第1章訳注1参照。

＊3　**トルーマン奨学金**　第1章訳注11参照。

＊4　**直線的に考える**　第2章訳注23参照。

＊5　**データポイント**　第3章訳注2参照。

＊6　**図書館**　オックスフォード大学のすべてのカレッジが独自の図書館を所有しているので特定は困難だが、映画『ハリー・ポッター』シリーズの舞台としておなじみのボドリアン図書館を指していると思われる。ヨーロッパでも有数の伝統を誇り（建物は一六〇二年創建、図書館自体の創設はさらに遡った十四世紀）、イギリスでは大英図書館に次ぐ規模である。

＊7　**スコティッシュ・ダンス**　スコットランド発祥のフォークダンス（民族舞踊）で、十八世紀ごろに社交ダンスの一種として行われ、移民とともにアメリカやカナダでも盛んになった。通常八人が一組となり、男女四人ずつが向かい合わせになって踊る。基本ステップはシンプルで習得にさほどの困難はない。第10章日本版附章にある（253ページ）通り、ジョリーはアメリカ帰国後もサウスカロライナ州でスコティッシュ・ダンスを楽しんでいる。

＊8　**構造的な人種差別**　原文はstructural racismで、これは体系的人種差別（systemic racism）と同義。マクロレベルの体系（システム）、社会的な権力、組織、イデオロギーなどが相互に作用し、人種（民族）間に不平等をもたらすことを指す。最近ではBLM（Black Lives Matter［黒人の命は大切］）運動の文脈で、有色人種抑圧&白人優遇を正当とする構造を示し、問題視されている。

＊9　**『情動はこうしてつくられる――脳の隠れた働きと構成主義的情動理論』**（原題 *How Emotions Are Made: The Secret Life of the Brain*）二〇一七年、高橋洋訳、紀伊國屋書店。著者のリサ・フェルドマン・バレットについては本章訳注1参照。

＊10　**四・〇**　アメリカの大学ではABCDFの五段階評価のほか、履修した単位の総合成績評価 Grade Point Average（GPA）が〇・〇から四・〇で表示される。四・〇は最高評価。

＊11　**顔文字**　英語ではemotion（感情）とicon（アイコン）をあわせたemoticonが使われる。

＊12　**コンフォートゾーン**　第1章訳注10参照。

＊13　**『マーリー　世界一おバカな犬が教えてくれたこと』**　ジョン・グローガン原作の二〇〇八年公開のアメリカ映画。デヴィッド・フランケル監督。新婚夫婦のジョンとジェニーは子育ての予行演習としてラブラドール・レトリバーの子犬を飼い始め、マーリーと名付けるが、マーリーは数々の騒動を引き起こす。

＊14 **『ハミルトン』** アメリカ建国の父のひとりアレクサンダー・ハミルトンの生涯をヒップホップで綴ったミュージカル。戯曲・作曲・作詞・主演はリン＝マニュエル・ミランダ。二〇一六年の第七十回トニー賞十三部門十六ノミネート（トニー賞史上最多ノミネート記録）、十一部門受賞。ジョリーが妹と観劇したロンドン公演は二〇一七年十二月、ヴィクトリア・パレス・シアターで開幕している。

＊15 **コッキーズ・リーディング・エキスプレス** 第2章訳注15参照。

＊16 **ウスターカレッジ** 第1章訳注12参照。

＊17 **テディベアが置き去りにされる映画** 有名なのは『トイ・ストーリー3』（二〇一〇年）に登場するピンクのテディベア、ロッツォ。公園に置き去りにされた悲しい過去を経て、悪役としてウッディたちの前に立ちはだかる。捨てられたピンクのテディベアの冒険を描くチェコ映画『クーキー』（二〇一〇年）は国際的な評価が高く、カルロヴィ・ヴァリ国際映画祭・審査員特別賞を受賞した。意趣返しとして有名なのは『テッド』（二〇一二年）で、テディベアを捨てないまま大人になったらどうなるか、というコメディ。『ブリグズビー・ベア』（二〇一七年）ではその世界観をさらに進めて、「クマにすべてを教わった」という二十五歳のオタク青年の生き方を肯定的に捉えている。

＊18 **感情知性** 英語はemotional intelligence（Emotional intelligence Quotient［EQ］）で、「感情知性指数、心の知能指数」。知能指数（Intelligence Quotient：IQ）に対して、感情の把握・制御能力を示す。ダニエル・ゴールマンの『EQ　こころの知能指数』（一九九六年、土屋京子訳、講談社＋α文庫）で知られるようになった。

＊19 **二重処理** 原文はdual-processingだが、dual-processとも言うし、訳語を「二重過程」とすることもある。思考がどのようにふたつの違った過程（処理）の結果として生まれるかを探究する二重過程理論は、今やウィリアム・ジェームズが提起した心理学の領域を超えて、行動経済学などさまざまなジャンルのメインテーマとなっている。思考は無意識の過程とコントロール可能な意識的な過程の二重構造となっているという認識が基本。後者は言語で表現され教育によって変容は容易に可能だが、前者は態度や習慣を伴い形成するのに長時間かかるとされる。脳のシステム解明の端緒とみなされ、研究は今も進められている。

5　言葉の障壁

＊1 **ピエール・ポール・ブローカ** フランスの脳外科医、人類学者（一八二四〜一八八〇）。「ブローカ野」は、

左脳前頭葉の端に位置している運動性言語中枢で、主に「自分から発話する場合の言語処理」を担う。

＊2　**カール・ウェルニッケ**　ドイツの神経科医（一八四八〜一九〇五）。「ウェルニッケ野」は大脳上側頭回後部に位置する感覚性言語中枢で、「他人の言語を聞き、理解する際の言語処理」を担う。

＊3　**キャサリン・ワン**　ハーバード大学医学部の関連医療機関であるボストン小児病院の脳神経外科医。論文「音楽トレーニングで誘発される脳の可塑性（Brain Plasticity Induced by Musical Training）」（二〇一三年）でゴットフリード・シュラーグの共著者である。

＊4　**ゴットフリード・シュラーグ**　ハーバード大医学部准教授を経て二〇二二年現在はマサチューセッツ大学医学部教授（神経学）。脳卒中で話せなくなった人が歌うときは言葉を口にする事例に関し、二〇一〇年に初めて医療分野でランダム化臨床試験を行い、失われた言語力を歌で引き出すミュージック・イントネーション療法（ＭＩＴ）の可能性を探究。

＊5　**スピーチセラピー**　第1章訳注6参照。

＊6　**live の発音**　live の発音は動詞では「リヴ」、形容詞では「ライヴ」。

＊7　**wind の発音**　「風」の発音は「ウィンド」、「時計などを巻く（こと）、まわす（こと）」の発音は「ワインド」。

＊8　**tear の発音**　「涙」の意味で使われる時は「ティア」、「引き裂くこと、裂け目」の意味で用いられる時は「テア」。

＊9　**bark の意味**　bark an order で「どなって命令する」。

＊10　**bark の意味**　三本マストのうち前二本が横帆で、最後尾のマストが縦帆の帆船。

＊11　**オックスフォード英語辞典**　オックスフォード大学出版局から出版されている世界最大の英語辞典。略してＯＥＤと呼ばれることが多い。主要な見出し語数は二九万一五〇〇語、定義または図説のある小見出し語やその他の項目を含めると六一万五一〇〇語。一八五七年より編纂が開始されたが、初版の発行は分冊で一八八四年から一九二八年までかかった。第二版は一九八九年刊行。

＊12　**別々の見出し語**　語源が違う場合はこのように記されている。例えば bow などは bow[1]（動詞「お辞儀をする」）、bow[2]（名詞「弓」）というように、別々の見出し語として立てられている。つづりが同じでも語源の異なるもの、品詞によって発音が異なるものは別に見出し語として立てて、肩番号を付けている辞書が多い。

＊13　**プラトンのコミュニケーション**　プラトンは「見られたもの」を意味する「イデア」の哲学を提唱し、形、姿、

物の形式や種類（形相、エイドス）を通して物事（質料、マテーリア）の本質を見極めようとした。

＊14 **還元主義** 還元法、還元説とも。複雑で抽象的な事象など上位の概念を、単一レベルのより下位の概念に分解して単純化しようとする立場のことで、近代科学の基本的なスタンスでもある。ジョリーは多様な形相に本質を求めたプラトンの多元主義に共感し、言語への一元化を標榜する還元主義を批判している。

＊15 **作業療法** 第1章訳注5参照。

＊16 **理学療法** 第1章訳注4参照。

＊17 **クラブ・デイ** 地元の組織が特に未就学児童向けに指導する教室。

＊18 **『夏の夜の夢』** シェークスピアの喜劇（一五九五〜一五九六年頃初演）。夏至の夜には妖精の力が強まり祝祭が催されるという伝説を下敷きに、妖精の森で逢引する二組の男女と芝居の練習をする六人の職人たち、妖精王オーベロンと女王ティターニア、狂言回しの小妖精パックが入り乱れ、ドタバタ劇が展開される。

＊19 **データポイント** 第3章訳注2参照。

＊20 **キャプストーン・スカラーズ** キャンパスの文化を学び、大学生活を充実したものにするために、サウスカロライナ大学内のキャプストーン・ホールかコロンビア・ホールに住み込んで、さまざまなことを学ぶ。成績優秀者しか基本的に参加できない。https://sc.edu/about/offices_and_divisions/capstone_scholars/index.php

＊21 **フレッシュマン・セミナー** 一年次の最初の学期に履修するセミナー形式の授業。新入生が大学の勉強はどういうものかを学び、大人数の講義形式の授業以外に、少人数のセミナー形式の授業を経験する。

＊22 **三角測量** 原文はtriangulateで、一辺の長さとふたつの角度を測定し、残り二辺の長さや頂点の位置を割り出す測量法のこと。ここではジョリーは部分から全体を類推する方法としてtriangulateを用いている。またtriangulateは政治的スタンスとしてハト派とタカ派の間を行く「中道路線」を指すこともある。

6 言葉が伝わらない

＊1 **メンタル・ループ** 第2章でジョリーは、自らの思考経路を、Aから始まってB、C……と因果関係をたどる線形（linear）ではなく円形であると語っており、メンタル・ループという表現はそれと呼応している。ちなみにシステムダイナミクスの分野で基本ツールとされるフィードバック・ループ（ＰＤＣＡサイクルなどが代表例）は因果関係を基本にしているので、ジョリーのイメージするループとは異なる。

＊2　so　「それほど、そんなに、こんなに」といった意味で副詞として、また「それで、そこで、だから」の意味で前の節や文の結果を伝える接続詞としても使われる。

＊3　オノマトペ　日本語に比べると、英語には擬音語・擬態語（onomatopoeia）が少ないとよく言われる。だが、英語では、擬音語・擬態語は一音節あるいは二音節の動詞の形で表現されることが多い。すなわち、bang（バンと叩く）、splash（ザブザブ音を立てて～する）、gurgle（ゴボゴボ流れる［音を立てる］）、shuffle（足を引きずってのろのろ歩く）といった動詞によって、「音」や「動き」が表現される。

＊4　イディオム　154～155ページで言っているように、ジョリーは表面的な意味と実際の意味が必ずしも一致しない慣用句やイディオムの理解に時々苦しんでしまうようだ。

＊5　descriptive word　形容詞descriptiveは「記述的な、叙述的な」。たとえばadorableはadore（［崇拝に近いくらいに］敬慕する）に-ableが付いた形で「敬慕に値する、魅力的な、かわいらしい」、handyはhand（手）に、「性質」「状態」を表わす-yが付いていることから「手ごろな、便利な」、questionableはquestion（疑問、質問）に「……できる、……するに適する」を意味する-ableがついて「疑問に値する、疑わしい」と、それを見て、聞いて意味がすぐに思いつく語。

＊6　『子供の世界史』　V・M・ヒリヤー（V. M. Hillyer）著（原題*A Child's History of the World*, 二〇一二年）。

＊7　データポイント　第3章訳注2参照。

＊8　コンガリー国立公園　サウスカロライナ州の国立公園（約八九平方キロメートル）。広葉樹の広大な原生林が広がる。

＊9　ウスターカレッジ　第1章訳注12参照。

＊10　スタンダップ・コメディ　ナイトクラブなどで観客の前に立って諷刺ネタなどを披露する漫談。二十世紀初頭、チャーリー・チャップリンやバスター・キートンなどがヴォードヴィルの芸を無声映画で披露してスターダムに上ったように、スタンダップ・コメディはラジオの普及によって知名度を上げ、トーキー映画の登場とともにジャック・ベニー、エディ・カンター、ボブ・ホープなどスターを輩出。その後もレニー・ブルース、ロビン・ウィリアムズなどが活躍した。

＊11　ジョン・オリバー　ケンブリッジ大学を卒業したイギリス人のコメディアン。大学の演劇サークル「ケンブリッジ・フットライツ」では、東田直樹『自閉症の僕が跳びはねる理由』を英訳した作家デイヴィッド・ミッチ

エルと同期だった。アメリカのケーブルテレビ局ＨＢＯのニュース番組『ラスト・ウィーク・トゥナイト・ウィズ・ジョン・オリバー』のホストを務めている。

＊12　**『サタデー・ナイト・ライブ』**　一九七五年からつづくアメリカＮＢＣテレビのお笑いバラエティ番組。ジョン・ベルーシ、チェビー・チェイス、ダン・エイクロイド、エディ・マーフィらのコメディアンを輩出した。映画『ブルース・ブラザース』（一九八〇年）は番組をベースとした作品で、初期の『サタデー・ナイト・ライブ』のテイストを伝えている。

＊13　**『ルーニー・テューンズ』**　ワーナー・ブラザースの短編漫画映画シリーズ。一九三〇年代初めから一九六〇年代まで制作された。バッグス・バニー、ポーキー・ピッグなどの人気キャラクターを生み出した。製作総指揮をスティーヴン・スピルバーグとキャスリーン・ケネディが務め、ロバート・ゼメキスが監督した映画『ロジャー・ラビット』（一九八八年）で、カメオ出演する彼らを見ることができる。

＊14　**ワイリー・コヨーテ**　『ルーニー・テューンズ』に登場する発明家のコヨーテ。道路の上を高速で走り回るロード・ランナーを生け捕る装置を発明するが、毎回必ず痛い目に遭う。

7　個性は選択

＊1　**ペルソナ**　人間の外的側面のことで、周囲に適応するあまり硬い仮面を被ってしまうときなどに用いる。カール・グスタフ・ユングの用語で、彼は社会的慣習から各人が装った意図的な個性をペルソナと名づけた。元来、古典劇において役者が用いた仮面を意味し、ジョリーは「仮面」とも表現している。

＊2　**感覚統合**　感覚器から入る複数の刺激を統合して、適切に反応して動作をし、その結果をフィードバックして行動を調整していくこと。

＊3　**間に合わせに作られた愉快な装置**　原文はfunky MacGyver machinesで、MacGyverはアメリカのアクションテレビドラマ『冒険野郎マクガイバー』（原題*MacGyver*, 一九八五～一九九二）の主人公マクガイバーが銃ではなく手製の武器で敵と戦ったことからできた表現。現代英語では「あり合わせの物で用を足す」の意味で使われる。

8　大切なこと

＊1　**ミート・アンド・ミングル**　「会って、交流しあう」(Meet and Mingles) 会。くだけた交流会のこと。

＊2　**サヴァン症候群**　ダウン症候群を発見したイギリスの医師ジョン・ラングドン・ダウンが一八八七年、天才的な記憶力を持つにもかかわらず学習能力は平凡な男の子を発見し、同じような特異能力者を「idiot savant」(イディオ・サヴァン＝賢い白痴、フランス語) と名付けたのがサヴァン症候群の濫觴 (らんしょう) とされる。ジョリーはここでサヴァン症候群を自閉症 (自閉症スペクトラム障がい) の一種として語っているが、実は発症原因には諸説あり特定には至っていない。ただ、ほとんどのサヴァン症候群児童は男性であり、これは自閉症児が男性に多いことに関係していると推察されている。

＊3　**ニコラ・テスラ**　クロアチア生まれのアメリカの発明家 (一八五六〜一九四三) で、生涯に三百件の特許を取得した。エジソン電灯会社に入社して交流による電力事業を提案するが、直流を重視するエジソンと対立して数か月で退職。独立してテスラ電灯社を設立し、エジソンとの「電流戦争」に勝利した。生涯を通じて幻覚と数々の強迫観念に悩まされたという。異常な潔癖症でも有名。

＊4　**ミートゥー**　SNSでセクシャルハラスメントや性的暴行を告発するハッシュタグ (#MeToo)、またその運動のこと。

＊5　**オックスフォードの大学院**　本書の元になったリリック・ウィニックとの対談は、基本的にジョリーがオックスフォード大学大学院在籍中に行われた。第10章239ページも参照。

＊6　**常同 (じょうどう)**　自閉症などで特定の行為を反復すること。何かにこだわった行動を見せること。自己刺激行動とも言われる。

＊7　**『シッツ・クリーク』**　カナダのシットコム・シリーズ (二〇一五〜二〇二〇)。裕福な一家が転落して小さな田舎町シッツ・クリークで四苦八苦するコメディ・ドラマ。六シーズンに渡ってCBC (カナダ) とPop TV (アメリカ) で放送され、二〇二〇年の最終シーズンは第七十二回プライムタイム・エミー賞でコメディ主要部門をすべて受賞した。

＊8　**『The Office』**　二〇〇一年から二〇〇三年にBBCで放送されたイギリスのテレビドラマ。ロンドン郊外の製紙会社のオフィスの日常をドキュメンタリー・タッチで描いたシニカルなシチュエーション・コメディで、イギリスで社会現象を巻き起こした。NBCがリメイク権を買い取り、二〇〇五年から二〇一三年まで

スティーブ・カレルを起用したアメリカ版が放送された。ジョリーが見ていたのはこちらのバージョンだと思われる。英米どちらのバージョンもゴールデングローブ賞などを受賞し、高評価を得た。

9　メッセージは一言、愛。

＊1　**早禱**　第3章訳注1参照。

＊2　**英国国教会**　英国聖公会、イングランド教会、あるいはアングリカンチャーチなどとも言う。エリザベス一世の時代（一五三三〜一六〇三）、ローマカトリック教会から独立して、今日の国王を首長とする英国国教会の基礎を確立。形式上はイギリス国民の過半数がこの教会の会員ということになるが、教会行政上はカンタベリーとヨークの二大管区からなり、特にカンタベリーの大主教（archbishop）が全教会を代表する。

＊3　**クリティカル・シンキング**　「批判的思考」と訳されることも。一九三〇年代のアメリカの教育学において主張され始めた思考方法。一九八〇年代に心理学の分野で再注目され、アメリカ心理学会会長だったダイアン・F・ハルパーンは以下のように定義している。「批判とはあら探しではなく、理想的には思考過程を改善するための情報の提供をも意味し、批判的思考とは、複雑な判断、分析、統合、また省察的な思考や自己モニタリングを含み、文脈に敏感な高次元の思考技能」。原則として間違った議論や推論、論理展開を回避する努力をするべきであるとされる。ジョリーは意識して脳内でクリティカル・シンキングを反復しているようだ。

10　日本版附章「ジョリーは今」

＊1　**インタビュー動画**　インタビュー動画はこちらで観られる。

https://youtu.be/hpZwF7pivCo

＊2　**フィリップ・プルマン**　イギリスのファンタジー作家（一九四六〜）。イングランド東部、ノーフォーク州ノリッジ出身。オックスフォード大学卒業後、オックスフォード・ウェストミンスター・カレッジ等で英文学

講師を務めつつ小説を執筆。代表作は『ライラの冒険』三部作で、一九九五年刊行の第一部『黄金の羅針盤』はカーネギー賞とガーディアン賞を受賞した。一九九七年に第二部『神秘の短剣』を、二〇〇〇年に第三部『琥珀の望遠鏡』を刊行。『琥珀の望遠鏡』は二〇〇一年、イギリスの文学賞、ウィットブレッド賞（現コスタ賞）の大賞を児童文学として初めて受賞した。

＊3　**『ライラの冒険』**（原題 *His Dark Materials*, 一九九五〜二〇〇〇年刊行）。二十世紀の掉尾を飾るファンタジーの名作。第一部『黄金の羅針盤』（原題 *Northern Lights*／米題 *The Golden Compass*）の主人公である少女ライラと、第二部『神秘の短剣』（原題 *The Subtle Knife*）の主人公である少年ウィルは、最初の出会いこそ大喧嘩となるが、第三部『琥珀の望遠鏡』（原題 *The Amber Spyglass*）で死者の国に向かう決死行をともに経験し、深く愛し合うようになる。だが、本来異世界に生きるふたりがともに過ごすことは不可能だ。結末でライラとウィルは意を決して離ればなれとなるが、一年に一度だけ、それぞれの平行世界の同じ場所でお互いを感じ合うことにする。その場所こそが、オックスフォード大学植物園にあるどっしりとした木造りのベンチだ。ジョリーとリリックはここに座っていたのだ。門を入り、噴水を過ぎて、しばらく行ったところにある灰色のベンチは原作ファンにとってまたとない「聖地」となった。二〇二二年に始まった米ＨＢＯと英ＢＢＣ共同制作のＴＶドラマ『ダーク・マテリアルズ』シーズン3の放映後、あらためて注目のスポットとなることは間違いない。

＊4　**考古学者たち**　たとえばヨーク大学教授で考古学者のペニー・スパイキンズは著書『思いやりの心がわれわれを人間にする』（Penny Spikins, *How Compassion Made Us Human: The Evolutionary Origins of Tenderness, Trust & Morality* [Pen & Sword, 2015]、未訳）などでこの問題を論じており、旧石器時代の壁画は、自閉スペクトラム症による、細部認識能力（local processing bias）なくしては描けないと主張する。自閉症が石器時代では得がたい能力として重宝されていたし、自閉症と連鎖する数多くの遺伝子が古代人から現代の人類に受け継がれている事実によってそれは証明されているとする。

＊5　**レジリエンス・オフィス**　持続可能な地域社会の実現のためにさまざまなことに取り組む公共組織。

＊6　**引用**　東田直樹『自閉症の僕が跳びはねる理由　会話のできない中学生がつづる内なる心』（エスコアール、二〇〇七、一四〇ページ）より

＊7　**ブルーリッジ山脈**　アメリカ東部をジョージア州からペンシルベニア州にかけて走る山脈。アパラチア山脈の一部で、サウスカロライナ州の北西部に重なる。

謝辞

＊1　**ローレン、アリック、サラ、タイラー、ルース、ナンシー、ハーブ**　ローレンは妹、アリックとタイラーは兄。サラはアリックの妻で、ルースはタイラーの妻。ナンシーは祖母代わりの人で、ハーブはナンシーの夫。

＊2　**エリオット・ガーソン**　ワシントンＤＣに本拠を置く超党派の政策研究機関であるアスペン研究所のエグゼクティブ・バイス・プレジデント。一九五二年、コネチカット州ニューヘイブン生まれ。ハーバード大学とオックスフォード大学を卒業した弁護士で、最高裁書記官も務めた。なお、アスペン研究所は一九五〇年に設立されており、一九六二年設立のアスペン物理学研究所とは別団体。設立当時は西洋古典全集『グレートブックス』の編集と、数百ページにおよぶその抜粋を基本テキストとして使用するビジネスマン養成プログラムで有名だった。

＊3　**ウォルター・アイザックソン**　アメリカを代表するジャーナリスト。一九五二年、ルイジアナ州ニューオーリンズ生まれ。ハーバード大学とオックスフォード大学を卒業後、『タイム』誌の編集部員となり、一九九六年同誌編集長。二〇〇一年ＣＮＮ会長兼ＣＥＯ、二〇〇三年アスペン研究所所長兼ＣＥＯ（二〇一八年まで）。現在はＰＢＳとＣＮＮのニュースキャスター。主な著書に『レオナルド・ダ・ヴィンチ』（土方奈美訳、文藝春秋）、『スティーブ・ジョブズ』（井口耕二訳、講談社）などがある。最新作『コード・ブレーカー』（西村美佐子・野中香方子訳、文藝春秋）で、ジョリー・フレミングの脳の機能について、本書を引用しつつ、刺激的な論を展開している。

＊4　**アマンダ・アーバン**　数々のジャンルのアーチストを擁する巨大エージェンシー、ＩＣＭパートナーズ（一九七五年創設）の文芸担当で、敏腕代理人として知られる。「ビンキー」という愛称で呼ばれることが多い。一九六八年ウィートン大学卒業。ニューヨークのＩＣＭでキャリアをスタートさせ、クノップ社の編集者ゲイリー・フィスケットジョンと協力して村上春樹をプロデュース。二〇〇二年から二〇〇八年までロンドンのＩＣＭでマネージングディレクター（最高責任者）を務めていた。優秀な編集者に与えられるマックス・パーキンズ賞を、二〇一〇年にエージェントとして史上初めて受賞した。

＊5　**ＰＡＡＬＳファミリー**　二〇〇七年にサウスカロライナに設立。知的、肉体的な障がいを抱えた人たちに介助犬を与えたり、介助犬をその人たちのために訓練したりする団体。

＊6　**コッキーズ・リーディング・エキスプレス**　第2章訳注15参照。

＊7　**トルーマン財団**　第1章訳注11のトルーマン奨学金を参照。

＊8　**ウスターカレッジ**　第1章訳注12参照。

＊9　**テス・クィン・ロートン先生、マシュー・チェン・ソールズベリー先生、トマス・アレリー先生**　ロートンは宗教学、ソールズベリーは声楽、アレリーは合唱をオックスフォードで講じている。

＊10　**国民保健制度**　National Health Service のこと。一九四六年制定、一九四八年より実施。診察も治療もすべて無償で行われていたが、一九五七年より若干の費用負担が課せられている。NHSと略して言及されることもよくある。

訳者あとがき

ジョリーの物語は、定型発達者の頭脳を持たない人が定型発達者の頭脳のために構築された世界に住むのは一体どんな感じか、わたしたちに窓を開いて見せてくれる。自分はコーヒーや紅茶をマグカップに注ぐほかのすべての人たちと根本的に違うと理解した上で、毎日の生活を始めるのはどんな感じか、教えてくれるのだ。これは本質的に異なる才能に溢れた人物の精神の回想録だ。（7ページ）

ジョリー・フレミングは五歳で自閉症と診断され、普通の小学校に受け入れてもらえず、母ケリーのホームスクーリングで学ぶ。だが、高校に入学、卒業し、サウスカロライナ大学に進み、四年で卒業。その後イギリスの名門オックスフォード大学のローズ奨学金を得て修士課程（地理環境学）に進学し（二〇一七年）、二〇一九年九月に修了する。

ジョリー本人も含めて、誰にも予想ができないことだった。

自閉症の人の頭脳がどのように言われたことをとらえ、言語化するか、ずっとわからなかった。だが、ジョリーは本書の中で自分の頭脳の動きをはっきりと自分の言葉で説明している。これは非常に画期的なことで、リリック・ウィニックとの対談を基にまとめられた本書『「普通」ってなんなのかな　自閉症の僕が案内するこの世界の歩き方』によって、脳と自閉症の研究に大きな変化がもたらされることになるだろう。

ジョリー・フレミングとはどんな人だろうか？

本書の最大の魅力は、ジョリー・フレミングの考え方と生き方に触れられることだと思う。そこから障がいを持つ人たちが置かれた状況と、その人たちが定型発達者の世界をどのように見ているかを知ることができる。

たとえば、自閉症の中でもサヴァン症候群の人たちはすばらしい才能を発揮することがあるし、世間に広く認められて、称賛されることもある。こうした人たちに焦点を当てた書籍も刊行されてきたし、映画も作られてきた。

だが、ジョリーは本書において、特別な才能を持つサヴァン症候群でない自閉症の人たちも同じように存在価値はあるし、自分たちも何かできる、定型発達者とともに何かしたいと思っていると、明確に伝えている。

ジョリーの言葉を通じて自閉症の人たちが思っていることや見ていることが理解できれば、わたしたちの自閉症の人たちに対する見方が変わる。それによって自閉症の人たちの世界も変わる。

ジョリーの頭脳は言葉による攻撃で痛みを感じることはないという（ジョリーは自分の脳が言葉をどう理解するかについて、第4章、第5章、第6章でくわしく話している）。だが、人の心の痛みは確かに感じ取ることができる（特に108〜109ページなど参照）。

ジョリーは障がい者ではあるが、サウスカロライナ大学在籍時からボランティアとして子供たちの教育に熱心に取り組み、障がいを持つ人たちに対する人々の意識改革に力を注いでいる。今は地理学と海洋地形学の研究者としての立場から、次世代のために美しい地球環境を整えたいと考えている。

このような実にピュアな心を持つ人間がどうして創られたのか？

自分もそんな人間になれるとしたら、どうしたらいいか？

原書のタイトル *How to Be Human* は、そういうことを示しているのかもしれない。

わたしは訳者として、本当にうれしいことに、ジョリー・フレミングのピュアな心に直接触れることができた。

メールで頻繁にやりとりさせてもらっているだけでなく（彼は日本語を学習中なので、「ありがとうございます」と日本語も添えられていたりする）、訳者のインタビューにも答えてもらったのだ。

インタビューは日本版附章として第10章にまとめたほか、映像を編集してYouTubeにアップした。二十分を超えるロング・インタビューになったが、ジョリーの穏やかな表情と言葉に心が和らげられると思う。ぜひご覧いただきたい。

https://youtu.be/hpZwF7pivCo

相模原障害者施設殺傷事件について、むずかしい質問もしたが、誠実で深い言葉を返してくれた。

https://youtu.be/nbOpu5wtBaM

愛とケア。

インタビューでジョリーも言っているが、今の時代にはこれがいちばん求められているのかもしれない。

一冊の本を作る時は多くの方々に助けてもらうことになるのは言うまでもないが、本書を作るにあたってはとりわけ多くの皆さんのお世話になった。

まずは、本書の訳者に抜擢してくださった文藝春秋翻訳出版部部長の永嶋俊一郎氏に深く感謝する。

ジョリーは非常に論理的に、かつわかりやすく話しているので、論理の破綻のない、一読で理解してもらえる訳文を心がけた。だが、脳の働きを説明する時には専門的な言い方もするので、一般読者にはなじみのないと思われる用語のほか、ジョリーが言及している作品（絵画、映画、本）や習慣やイメージについては訳注をつけて、説明を補足することにした。

原文とつきあわせて訳文を確認してくださっただけでなく、こうした訳注まで念入りに見ていただいた編集部の髙橋夏樹さんに、最大限の謝意を捧げる。髙橋さんと一緒に校閲を進めていただき、訳者の誤りや不適切な表現をいくつも発見してくださった、校閲の牧野晶さん、猪熊良子さんにも、厚くお礼を申し上げる。

フリー編集者の上原昌弘さんは訳文を原稿段階からチェックしてくれただけでなく、膨大な参考文献に目を通し、訳注を一緒に書いてくださった。

翻訳者／ライターの眞鍋惠子さんには原書を一緒に読んでもらい、訳文を原稿からゲラまで確認していただいた。

翻訳者の長縄英里香さんには自閉症のご家族についてお話を聞かせていただき、愛とケアが人を支えると改めて思うことができた。

近所に住む山崎正広さんと山崎さんのご家族の誠実な心にいつも癒されている。山崎さんご一家にお会いすることがなければ、障がい者の気持ちを理解しようと思うことはなかったし、本書を訳したいと思うこともなかった。

皆さん、本当にありがとうございます。


僕らはみんな地球で生活している。このことを真剣に考えれば、地球上の全生態系の中で、みんな常に支えあわなくちゃいけない。僕ら人間は酸素も作り出せない。僕はひとりじゃ生きられない。みんなもひとりじゃ生きられない。誰もひとりじゃ生きられない。（235ページ）

ジョリー・フレミングは理想の人だ。自分がどんな状況にあっても、決して希望を失わず、理想を見すえて行動しようとする。

そんなジョリーの考え方は、あらゆる人たちがあらゆる状況で支えにできるものだと思う。

本書『「普通」ってなんなのかな』を通じて、読者の皆さんがジョリー・フレミングの生き方に何かを感じ、今後の生活に生かしていただけるようなことがあったらうれしい。

上杉隼人

二〇二二年十月

著者

ジョリー・フレミング　Jory Fleming

1994年生まれ。自閉症を含めて複数の障がいを持つが、2013年にサウスカロライナ大学に進学し、2017年に卒業後（専攻は地理学と海洋地形学）、名門オックスフォード大学のローズ奨学金を得て、同年にオックスフォード大学の大学院に入学。2019年9月に修了（地理環境学）した。

学生時代からボランティアとして子供たちの教育に熱心に取り組み、障がいを持つ人たちに対する人々の意識改革に力を注いでいる。また地理学と海洋地形学の研究者としての立場から、次世代のために美しい地球環境を整えたいと考えている。

2020年に母校サウスカロライナ大学の研究員に就任し、学部の講義も担当しているほか、環境研究を通じて学んだことをもとに地域社会を支援している。

趣味はバードウォッチング、ボードゲーム、スコティッシュ・ダンス。日本語も学習中。本書が初の著書となる。

ホームページはhttps://joryfleming.com/

リリック・ウィニック　Lyric W. Winik

ライター。プリンストン大学卒業後、ジョンズ・ホプキンズ大学で修士号を取得。子供の教育に強い関心があり、メリーランド州内の公立学校で10年以上ボランティア活動を続けている。

趣味はハイキングで、ふたりの息子とレークランドテリアのクリーと楽しんでいる。

訳者

上杉隼人　Hayato Uesugi

翻訳者（英日、日英）、編集者、英文ライター・インタビュアー、英語・翻訳講師。早稲田大学教育学部英語英文学科卒業、同専攻科（現在の大学院の前身）修了。訳書にマーク・トウェーン『ハックルベリー・フィンの冒険』（上下、講談社青い鳥文庫）のほか、ベン・ルイス『最後のダ・ヴィンチの真実　510億円の「傑作」に群がった欲望』（集英社インターナショナル）、「スター・ウォーズ」シリーズ、『アベンジャーズ　エンドゲーム』『アベンジャーズ　インフィニティ・ウォー』（いずれも講談社）、マイク・バーフィールド『ようこそ！おしゃべり科学博物館』（すばる舎）、ミネルヴァ・シーゲル『ディズニーヴィランズ　タロット』（河出書房新社）、ジョン・ル・カレ『われらが背きし者』（共訳、岩波現代文庫）など多数（日英翻訳を入れて80冊以上）。

DTP制作　エヴリ・シンク

HOW TO BE HUMAN:
An Autistic Man's Guide to Life
by Jory Fleming with Lyric Winik
Copyright © 2021 by Jory Fleming
Japanese translation published by arrangement
with Jory Fleming c/o ICM Partners, Curtis Brown Limited
through Japan UNI Agency Inc., Tokyo.

「普通《ふつう》」ってなんなのかな
自閉症《じへいしょう》の僕《ぼく》が案内《あんない》するこの世界《せかい》の歩《ある》き方《かた》

2023年1月30日　　第1刷発行

著　者　　ジョリー・フレミング　リリック・ウィニック

訳　者　　上杉隼人《うえすぎはやと》

発行者　　大沼貴之

発行所　　株式会社　文藝春秋
　　　　　東京都千代田区紀尾井町3–23（〒102-8008）
　　　　　電話　03-3265-1211（代）

印刷所　　凸版印刷

製本所　　加藤製本

・定価はカバーに表示してあります。
・万一、落丁・乱丁の場合は送料小社負担でお取り替えします。
　小社製作部宛にお送りください。
・本書の無断複写は著作権法上での例外を除き禁じられています。
　また、私的使用以外のいかなる電子的複製行為も一切認められておりません。

ISBN 978-4-16-391653-8　　　　Printed in Japan